本书受福建师范大学协和学院创新团队建设计划（2021 –

二元创新资源配置的理论、实证及仿真研究

欧伟强　著

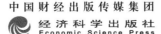

中国财经出版传媒集团

经济科学出版社

Economic Science Press

图书在版编目（CIP）数据

二元创新资源配置的理论、实证及仿真研究/欧伟
强著 . —北京：经济科学出版社，2022. 11
ISBN 978 - 7 - 5218 - 4122 - 0

Ⅰ. ①二… Ⅱ. ①欧… Ⅲ. ①企业创新 - 创新管理 -
研究 - 中国 Ⅳ. ①F279. 23

中国版本图书馆 CIP 数据核字（2022）第 194557 号

责任编辑：谭志军
责任校对：齐　杰
责任印制：范　艳

二元创新资源配置的理论、实证及仿真研究
欧伟强　著
经济科学出版社出版、发行　新华书店经销
社址：北京市海淀区阜成路甲 28 号　邮编：100142
总编部电话：010 - 88191217　发行部电话：010 - 88191522
网址：www. esp. com. cn
电子邮箱：esp@ esp. com. cn
天猫网店：经济科学出版社旗舰店
网址：http://jjkxcbs. tmall. com
北京季蜂印刷有限公司印装
710 × 1000　16 开　14. 75 印张　250000 字
2022 年 11 月第 1 版　2022 年 11 月第 1 次印刷
ISBN 978 - 7 - 5218 - 4122 - 0　定价：68. 00 元
（图书出现印装问题，本社负责调换。电话：010 - 88191510）
（版权所有　侵权必究　打击盗版　举报热线：010 - 88191661
QQ：2242791300　营销中心电话：010 - 88191537
电子邮箱：dbts@ esp. com. cn）

前　言

当前，从全球范围看，科学技术越来越成为推动经济社会发展的主要力量，创新驱动是大势所趋。2008 年国际金融危机爆发后，世界各国纷纷开始部署谋划，将复苏希望寄予孕育兴起的新技术革命，以求在新一轮全球科技竞争中抢占先机。为重塑科技竞争力，保持在世界上的领先地位，美国联邦政府先后出台了《美国创新战略：推动可持续增长和高质量就业（2009）》《美国创新战略：确保我们的经济增长与繁荣（2011）》《先进制造业国家战略计划（2012）》；德国政府先后发布了《德国 2020 高技术战略（2010）》和《德国工业 4.0 战略（2013）》，旨在应对全球挑战，继续保持德国制造业国际领先的地位；英国政府于 2013 年及时调整新的战略布局，推出了《英国工业 2050 战略》；为了提高国家创新能力，加快创新步伐，以推动经济快速增长，俄罗斯于 2011 年出台了《俄罗斯联邦 2020 年前创新发展战略》；日本决心以发展科技来振兴经济，先后通过了《科学技术创新综合战略（2013）》和《日本国家创新系统改革战略（2014）》；韩国政府制订了《国际科学商务带基本计划（2012－2017）》，寻求在经济危机余波未平的背景下以科技创新提升国家竞争力。科技创新的竞争成为国际竞争空前激烈的一个重要特点，培育新的经济增长点，抢占国际经济科技制高点已经成为世界发展大趋势。

在改革开放 40 多年来奇迹迭现的中国经济发展中，中国特色的科技创新战略发挥了重要作用。邓小平、江泽民、胡锦涛、习近平等中央领导多次强调国家战略需求和自主创新的国策，使人们深切地认识到：按照"科学技术是第一生产力"，实践"科学发展观"，走"建设创新型国家"之路，是中华文明复兴的必然道路。2012 年 11 月，党的十八大正式提出实施"创新驱动发展战略"。2016 年 5 月 30 日，习近平在全国科技创新大会、两院院士大会、中国科协第九次全国代表大会上发表题为《为建设世界科技强国而奋斗》的讲话，强调实施创新驱动发展战略，是更好引导我国经济新常态、保持我国经济持续健康发展的必然选择。2017年10月，党的十九大强调创新是引领发展的第一动力，是建设现代化经济体系的战略支撑。2021年，我国"十四五"规划提出加快构建以国内大循环为主体、国内国际双循环相互促进的新发展格局，这是关系我国发展全局的重大战略任务。当前，世界进入了动荡变革期，单边主义、保护主义上升，世界经济低迷，全球产业链供应链因非经济因素而面临冲击，这给企业生产经营带来巨大风险挑战。习近平总书记在各地调研时多次强调：自主创新是企业的生命，是企业爬坡过坎、发展壮大的根本。在国内外环境发生深刻变化的大背景下，提高企业创新能力既是改善企业生产经营、增强企业市场竞争力的重要手段，也是加快形成新发展格局的重要举措。

构建新发展格局，对企业创新发展提出了新要求。一方面，以国内大循环为主体，要求企业积极发掘、有效激活传统消费需求和投资需求及其蕴藏的巨大内需潜力，同时通过产品、技术、管理和市场等方面的创新，进一步发现、开发和激活更高水平、更高质量供给，全面激活与大幅度提升更高水平、更高层次的消费需求和投资需求。另一方面，国内国际双循环相互促进，要求企业积极开拓创新，进一步发挥自身优势，以创新思维、创新理念、创新行为深入探索参与国际经济大循环的新路径、新形态、新方法、新手段，在不断扩大国际经贸往来和技术合作基础上，努力实现更高质量、更有效率、更加公平、更可持续、更为安全的发展。在新发展格局下，企业如何通过创新管理，积极融入和服务新发展格局，成为亟需解决的重大科学问题和实践难题。

但是，中国企业由于自身特点和所处转型经济的特殊环境，企业创新呈现出两难："不创新等死，创新找死"，出现"创新者的窘境"。研究发现，形成企业创新两难问题的重要原因在于创新生命周期中存在着"技术峡谷"的瓶颈。企业过于依赖特定的技术和产品，未能形成持续的技术创新流，是企业遭遇技术间断和创新陷阱的根源，从而导致企业创新产生非连续性与不可持续发展。相关研究阐明，在动荡复杂环境中，任何一种创新产生的利润都是暂时的，只有相对高效响应的、多样性的创新流才能使企业产生持续高水平的盈利，因此，企业培育持续创新流的能力比维持其当前竞争优势更加重要。从本质上看，创新流是一系列创新活动的集合，其中，主流创新立足于改进已有价值体系，新流创新则强调建立新的价值体系。面对急剧变化的市场环境，企业无法仅依靠主流创新来支撑持续竞争优势，必须在开展主流创新的同时，积极探索新流创新，在主流中激发新流，由新流建立新的价值体系。通过主流与新流二元创新协同演进，塑造持续创新流，成为企业自主创新的重要路径。在新发展格局的背景下，研究如何合理配置二元创新资源，推进主流和新流协同演进，建立持续创新机制，对我国企业破解创新困境、提升创新层次、实现可持续发展，具有重要的现实意义。

目　录

第一篇
二元创新资源配置的理论基础

　　当前有关二元创新的研究正处于起步阶段，尚未形成系统的理论体系。部分学者指出，企业必须及时调整创新战略，积极塑造持续创新流，跨越技术间断，避开技术陷阱，从而进入一个更高水平的技术轨道，实现持续自主创新。然而，创新流中的主流与新流是如何演进的？演进特征是什么？配置模式有哪些？在演进过程中，主流与新流如何实现转化，形成源源不断的创新流，实现持续自主创新，从而破解创新困境？在自主创新过程中主流与新流呈现出分离、冲突、对立的矛盾性成为创新流管理的瓶颈问题。在自主创新环境动荡和资源限制下，如何在主流与新流之间优化配置创新要素？要素优化配置的方向和方式等，都值得研究与探讨。本篇将通过文献分析、理论模型构建、多案例研究、实证研究和定量分析等手段，建立二元创新演进的四维理论模型，阐明理论模型的演进过程，系统剖析二元创新要素优化配置机理；遵循图谱研究的原则和方法，绘制二元创新演进图谱，探讨不同行业企业二元创新资源配置与战略选择的匹配。

第一章 文献综述

目前，国内外对企业二元创新的相关研究正处于起步阶段，尚未形成系统的理论体系。部分学者指出，企业必须及时调整创新战略，积极塑造持续创新流，跨越技术间断，避开技术陷阱，从而进入一个更高水平的技术轨道，实现持续自主创新[1]。然而，创新流中的主流与新流是如何演进的？演进特征是什么？配置模式有哪些？在演进过程中，主流与新流如何实现转化，形成源源不断的创新流，实现持续自主创新，从而破解创新困境？在自主创新过程中主流与新流呈现出分离、冲突、对立的矛盾性成为创新流管理的瓶颈问题[2]，那么在二元创新演进的不同创新生命周期阶段，冲突表现在哪些方面？在创新演进中，二元创新的关系呈现什么的变化趋势？应如何有效促进二元创新的协同发展，最终形成汇流创新？在自主创新环境动荡和资源限制下，如何在主流与新流之间优化配置创新要素？要素优化配置的方向和方式等，都值得研究与探讨。二元创新隶属于技术创新研究范畴，技术创新演进研究为其提供了有价值的思路和借鉴；二元创新的思想源于创新流，有必要对创新流的研究进展进行梳理；部分学者已在二元创新研究领域进行了开拓性工作，也为主流与新流动态演进研究奠定了一定的理论基础。由此，本章将围绕技术创新演进、创新流以及二元创新进行综述。

第一节 技术创新演进研究进展

"演进"一词源于拉丁语"evolution"，从广义的角度看，它可以理解为事物发展、进步的过程，也可以理解为前进性变化的结果。自温特和内尔森（Winter & Nelson）在《经济变迁的演化理论》一书中提出技术变迁的一般演化模型以来，学者们对技术创新演进的特性开展了大量研究，取得了丰富的成果。以下从技术创新演进的特性、轨迹、过程、模式、能力等五个方面对现有研究进行阐述。

一、技术创新演进的特性

用演进的观点来研究技术创新，有助于理解现实问题。霍兰德和齐曼（Holland & Ziman）对生物进化与技术变迁的类似性进行了深入研究，提出了演化认识论、普适达尔文主义、刺激—反应等概念和理论，用生物进化来隐喻技术发展机制[3,4]。基于此，贾根良归纳了技术创新进化分析框架的三要素：基因类比物、变异和选择过程[5]。当然，技术创新进化比生物进化更为复杂。李伟丽抓住技术创新演进的几个基本特征，例如路径依赖性、多样性、不确定性以及突破性，对生物进化与技术创新的演进机制进行同构性分析，从生物学角度重新认识技术创新的演进过程，提出技术创新的演化模型，并构建一个生态化的技术创新体系[6]。还有学者基于自组织视角，探讨了技术创新的行为可变性。杨勇华对技术创新演进的不确定性和方向性有不同的观点，认为对于纯粹的技术创新而言，主要是新达尔文式的，具有很大不确定性，难以预测；而对于技术创新扩散和增量创新而言，更多具有拉马克性质，带有明显的确定性和方向性，能够预测[7]。

从已有研究来看，技术创新演进分析的基本框架主要有达尔文主义和自组织理论。尽管分析框架不一致，但是大部分学者认为技术创新演进具有复杂性、不确定性和路径依赖性，而这些特征也逐步成为技术创新演进研究的重要前提。

二、技术创新演进的轨道

自多西（Dosi）提出"技术范式"和"技术轨道"的概念后，技术创新演进轨道就成为学界关注的热点[8]。随后，"路径依赖"概念也被纳入演化经济学研究范畴之中。一般认为，技术转换成本和产业互补性限制、知识的特点和人类的适应性学习能力，共同形成了技术创新演进的路径依赖。罗伊（Roe）认为起始状态在很大程度上影响了着技术创新演进，并将路径依赖按照强度分为强型、半强型和弱型[9]。根据"技术生命周期"理论，技术创新演进是一个从非连续性到渐进变革、再到非连续性的周期性过程。李和林

（Lee & Lim）分析了技术跟随与"蛙跳"模式这两种演进轨迹[10]；詹金斯和弗洛伊德（Jenkins & Floyd）提出技术轨道三大属性：能量、动力及不确定性程度，前两者共同促进技术进步[11]；博家骥认为换轨需要"放弃损失""清理费用"与"进入费用"这三种支出[12]；和矛和李飞认为技术轨道的刚性和突破是成本与收益比较的结果，当技术轨道突破时，一般是转换的收益超过成本[13]。张立超和刘怡君引入能级跃迁理论阐释产业技术轨道演进规律，揭示了技术轨道跃迁的动因、类型及条件[14]。苏敬勤等揭示了颠覆性技术创新的演进轨道，建立了颠覆性技术演进的分析框架[15]。

综上研究，用生物进化观点来分析技术创新演进具有可行性，技术进化需要考虑环境约束。技术创新非线性演进轨迹的提出，对二元创新演进研究具有重要启示意义。

三、技术创新演进的过程

企业技术创新演进是一个适应性学习过程。陈功玉等基于进化博弈理论，指出企业技术创新的非线性演进是企业与企业、企业与政府多元进化博弈的结果[16]。郑燕等借鉴生物进化的"遗传、变异和自然选择"理念，指出企业技术创新遵循"创新惯例—创新行为—市场选择"的演进过程，以产生适应市场环境的优良技术，从而促进企业不断进化升级[17]。林云将知识特质、技术机会及吸收能力等融入技术创新理论，以解释技术创新演进过程的复杂性[18]。李建钢和李秉祥从分析创新型企业成长过程出发，分析了创新型企业成长过程中创新演进的阶段特征，指出技术创新演进在创新型企业整个成长过程中起持续及关键作用[19]。在对技术创新演进过程的划分上，不同学者有不同的理解。张培富和李艳红将技术创新演进过程划分为自稳定、自重组两个阶段[20]；胡俊成和侯峻则将技术创新演进过程划分成微观演进、中观演进、宏观演进三个阶段[21]；张燕杭则从纵向演化角度分析了技术创新演进过程，认为技术创新是一个"轨道选择、切入点选择、顺轨创新、跃轨创新、轨道锁定"循环演进的过程[22]。

综合上述观点，学者主要从生物进化、自组织和博弈论视角研究技术创新演进过程；关于演化过程的渐变性与突变性，大部分学者认为技术创新演进过程是渐变和突变相互交替的过程。

四、技术创新模式的演进

创新模式演进是指技术创新不同模式之间有规律的变化过程，是一个不断进步的过程。国内外学者对企业技术创新模式的演进进行了大量深入的研究。阿特贝克和阿伯纳西（Utterback & Abernathy）于1975年提出技术创新动态模型（即"一次创新"），把技术创新演进过程分为易变、过渡和定型三个阶段[23]。吴晓波指出，发展中国家从二次创新向一次创新的演进过程可以分为模仿创新、创造性模仿、改进型创新、后二次创新或准一次创新等阶段[24]。曹素璋等认为企业技术能力的阶段性变化，导致技术创新模式呈现"低端仿制—模仿创新—自主创新"阶梯形演进[25]；而陈勇星等则提出"模仿创新—合作创新—自主创新"的演进轨迹[26]。在技术创新模式选择上，布洛姆斯特罗姆和舍霍姆（Blomström & Sjöholm）提出"发展门槛"的概念，认为企业选择的技术创新模式要与企业的资源禀赋和能力相匹配，随着企业技术能力的提升，创新模式应从模仿创新调整为自主创新[27]。技术创新模式的演进是模仿与创新的动态变换过程，激烈的竞争压力、强烈的产品竞争和产品需求，有利于企业从模仿模式向自主创新模式演进。黄中伟等认为企业要结合当前发展阶段与环境因素，选择合适的技术创新模式，以赢得竞争优势[28]。陈月梅和徐康宁分析了不同技术特性对创新模式选择的影响机理，指出技术复杂程度越高，企业越倾向于合作创新；技术隐含性越高，企业采用合作创新或自主创新的倾向越明显；技术不确定性越高，企业越倾向于采用合作创新[29]。

综合上述研究可以发现，学者认为发展中国家经历着"从模仿到创新"的模式演进过程，企业应结合创新阶段及内外制约因素，合理选择创新模式。

五、技术创新能力的演进

现有文献常将技术创新能力演进与技术能力演进联系在一起。部分学者重点探讨技术创新能力演进的规律。魏江认为，发展中国家的技术能力演进，经历了从技术引进、消化吸收到自主创新的过程[30]。宗蕴璋和方文辉则认为企业技术创新能力经历三个阶段：模仿、创造性模仿和集成创新、自主创新，并提出企业技术创新能力实现阶段跃迁的条件和特点[31]；赵晓庆和许庆瑞将技术创新能力总体演进轨迹与每一能力的形成过程相结合，提出了技术创新能力演进的螺旋式上升过程模型[32]。陈力田等则认为技术创新能力沿着"吸收能力主导—吸收、集成能力为主—吸收、集成和原创能力高水平均衡发展"的轨迹演进[33]。另一部分学者则关注技术创新能力演进的影响因素。罗米恩和阿尔巴拉德约（Romijn & Albaladejo）指出影响技术创新能力演进的因素有领导者素质、员工技能水平、技术学习、与外部网络的开放度等，其中技术学习是最关键的影响因素[34]。何巨峰和谢卫红发现，推动技术创新能力演进的因素包含创新资源、个人能力和组织能力[35]。王毅认为市场特性、技术特性和企业组织特性等因素共同决定了企业技术创新能力演进的起点、速度与深度[36]。刘昌年等指出，在技术创新能力形成和演进过程中，全球价值链治理模式、企业战略、市场创新、企业吸收能力和技术保护等因素发挥着重要作用[37]。何园和张峥通过构建技术创新能力模型，对影响技术创新能力演进的关键因素进行动态模拟研究，认为创新成果转化为知识产权能够有效提高技术能力，政府扶持对技术创新能力演进具有重要作用[38]。

已有研究表明，发展中国家的技术创新能力演进是从模仿能力到自主创新能力；不同影响因素推动技术创新能力的演进，其作用效果存在差异。

综合上述技术创新演进的相关研究，可以得出如下结论：（1）技术创新演进具有复杂性、不确定性和路径依赖性的观点已得到大部分学者的认同；（2）从具体的演进轨迹来看，技术创新非线性演进轨迹更符合二元创新演进特征；（3）当前技术创新演进过程研究主要基于生物进化、自组织和博弈论视角；大部分学者认为技术创新演进过程是渐变和突变相互交替的过程；（4）在技术创新模式和能力演进研究领域，学者们认为二者都经历着从模仿到自主创新的演进过程，同时，企业需要考虑能力与模式的匹配性。

第二节　创新流研究进展

在创新研究领域，由于创新流尚未成为一个达成一致共识的概念，因此，现有创新流研究成果匮乏且繁杂，成果之间关联度相对较低，没有形成一脉相承的内容体系。本章尝试将各类文献汇总所涉及的创新流相关研究做个初步梳理，为后续研究在相关概念界定和辨析上奠定基础。将创新流的相关研究成果划分为以下几类：创新流概念与内涵、创新流的重要性、创新流的分类、创新流的影响因素、创新流的理论模型。

一、创新流概念与内涵

由于研究视角不同，学者们对创新流概念界定尚未达成共识，表述也有所差异，主要有"innovation flow（s）""innovation stream（s）""sustaining innovation streams"等。所罗门（Solomou）认为，创新流是基础性创新和渐进式创新的一种集聚[39]。坎特（Kanter）据主导技术架构差异，将企业创新流划分为主流创新与新流创新[2]。图什曼（Tushman）等人把渐进式、结构式和突变式创新集合称为创新流[40]。张军和龚建立把创新流看成各种不同类型的创新所形成的创新集[41]。刘秋岭等人用创新流表示多种技术规范和行为模式的集合[42]。吕玉辉从生态学的视角，用创新流阐述上下游企业之间的创新互动关系[43]。布兰特和法拉（Brantle & Fallah）用创新流描述在复杂知识网络中合作发明者之间的联系[44]。朱斌和吴佳音认为创新的累积、渐进、继承、延续、涌动和突变汇聚成"创新流"，其中包括了主流创新和新流创新[45]。西蒙和泰勒（Simon & Tellier）等认为创新流是由探索式新流创新项目与开发式主流创新项目汇集而成，探索式新流创新是未来导向的活动，而开发式主流创新是对现有知识基础的拓展[46]。

从已有创新流相关研究来看，学者们对创新流概念尚未形成一致的观点，表述差异较大。坎特、朱斌和吴佳音、西蒙和泰勒等学者一致认为创新流中包含了主流与新流，并分别对二元创新进行了初步研究，为二元创新研究提供了理论借鉴。

二、创新流的重要性

企业的成功依赖于驾驭创新流的能力。如果过度依赖某种技术，而未能塑造持续技术创新流，企业就无法实现永续发展。企业应通过独立的研发能力，提升技术整体能力，形成持续技术创新流，以此塑造核心竞争力。夏保华指出，从时间上看，技术创新活动是持久不间断的，企业始终有一条技术创新流并通过积极地塑造它来参与短期和长期竞争[47]。邢璐倩从战略创业和竞争优势的关系入手，提出企业可以通过战略创业形成持续的创新流，从而获得持续竞争优势[48]。布里克斯和彼得斯（Brix & Peters）指出对创新流的探索与发展，有助于企业短期绩效的改进以及形成较好的长期绩效[49]。不同于企业层面，诺玛（Norma）从区域创新视角指出，对不同时期创新流的跟踪，能更好地理解宏观经济的周期性波动[50]。吴晓波和耿帅提出创新流的形成能提高产业集群抵御创新风险的能力[51]。徐力行和高伟凯认为加强对创新流的分析，有助于把握产业结构变动的方向及强度，保障产业技术创新政策实施[52]。

综上研究，无论从区域、产业还是企业层面，学者们都认为形成连续创新流有利于塑造持续创新机制，从而赢得持续竞争优势。

三、创新流的类型

相关研究将创新流分为技术创新流、产品创新流和产业创新流三种类型。在技术创新流方面，王大洲和关士续指出国有企业要积极塑造持续技术创新流，以保持源源不断的发展动力[53]；吴巧生等认为企业要通过持续的技术创新流来打造核心竞争力[54]；夏保华则强调企业要通过积极地塑造持续创新流来参与短期和长期竞争，要从持续发展角度、从战略高度动态地、系统地计划、组织、领导和控制技术创新流的过程[47]。朱斌和吴佳音探讨了企业如何在自主创新进程中通过二元创新的兴衰更替，形成技术创新流，以实现持续创新升级[45]。在产品创新流方面，邓恩和哈登（Dunn & Harnden）对 196 家加拿大企业新产品创新过程中的营销人员和研发人员的合作情况进行了实证研究，指出产品创新流就是新产品管理工作流程[55]；吴晓波和耿帅指出，持续产品创新流会自动化解集群内的创新风险[56]。在产业创新流方面，莱昂奇尼和蒙特里索（Leoncini & Montresor）对德国和意大利的跨产业创新流进行了比较[57]；徐力行和高伟凯用产业创新流来表征产业之间的促进和被促进作用，构建了部门间产品嵌入式创新扩散模型，并用该模型探讨了中国制造业内部创新扩散的通道及其特点[52]；施（Shih）利用改进的 R&D 投入模型，开展不同国家之间产业创新流的比较研究[58]。

总结目前有关创新流的文献，发现学者的研究对象集中于技术创新流、产品创新流和产业创新流。其中，产业创新流更多指向产业部门间的创新扩散，与企业二元创新不属于同一研究范畴，而技术创新流和产品创新流相关研究的参考和借鉴意义更显著。

四、创新流的影响因素

塑造创新流或者管理创新流，需要调整组织结构，形成二元型组织。然而，对企业家而言，在理论上和实践上构建真正的二元组织结构是相当困难的[40]。李天铎认为，创新流的存在将把创新者和研究人员推到经济的首要地位，只有在科学发展和企业家经营活动达到相当高的水平时才能形成持续不断繁荣的创新流[59]。兰尼（Lanny）发现已有的创新管理工具很难创造并维持一个可靠的创新流，提出"创新孵化中心"的设想，将其作为形成持续创新流的关键要素。他认为"创新孵化中心"作为创新与企业之间的中介，主要挑战在于四个方面：调整创新、发现核心业务的关联性、降低风险和解决冲突[60]。缪苗指出，企业要实现持续技术创新流，必须对传统战略定位、配置资源的组织格局和方式进行变革[61]。李勃昕等认为企业必须充分重视创新组织、市场环境及竞争环境三者的逻辑关系，将创新流视为三者相互引动的系统行为[62]。布里克斯和彼得斯通过研究发现，创新文化、高层管理者素质以及组织结构都会影响企业对创新流的管理[49]。

综上研究，学者普遍认为创新流的产生需要特定的背景或某种条件。此外，创新流的发展受到诸多因素的影响，比较有代表性的影响因素包括了战略、组织、市场、竞争等。

五、创新流的理论模型

斯科尔斯（Scholz）建立了一种修正的输入输出模型，以确定跨部门创新活动的潜在变化[63]。刘自新借鉴 A－U 模型描述了创新流的形成过程，认为从长期看，一次次技术创新浪潮形成了连绵不断的创新流，企业应以组织文化为导引，培育创新流，塑造持续技术创新[64]。郭咸纲建立了基于过程的创新流模型，认为创新过程包含的主要要素有建立创新激励机制，借助创新驱动源的综合力量，以创新者素质为基础，通过理念创新，形成创新创意，然后结合内外部条件，展开创新行动，实施创新目标，再通过不断的评价结果与目标之间的差距，去调整创意和激励机制，形成一个创新流循环系统[65]。施（Shih）引入单位价值法，对该模型进行了改进，并进行了跨国比较研究[58]。程开明借用城市流强度模型，用创新流表示城市创新的对外扩散，据以考察城市规模等级与创新扩散之间的关联性[66]。刘耀彬等用城市流强度模型分析环鄱阳湖城市规模等级与创新扩散之间的关联，发现创新流强度等级与各城市规模等级基本对应，其创新扩散主要呈现出由大城市扩散到次级规模城市再扩散到小城市的等级扩散模式[67]。

从现有文献发现，学者们构建的创新流模型包含了投入产出模型、过程模型和创新扩散模型。其中，过程模型初步描述了企业形成持续创新流的过程及特征，投入产出模型聚焦于产业部门间的创新变化，创新扩散模型则偏向于区域层面。

综上所述，可知：第一，由于研究视角不同，学者们对创新流概念尚未形成一致的观点，表述也有所差异，坎特、朱斌和吴佳音、西蒙和泰勒等学者对创新流的界定更具有价值；第二，无论从区域、产业还是企业层面，学者们对创新流的重要性达成了共识：创新流有利于塑造持续创新机制；第三，目前有关创新流的研究，主要包括三类：技术创新流、产品创新流和产业创新流，其中，技术创新流和产品创新流相关研究的借鉴意义更显著；第四，现有研究普遍认为创新流的产生需要特定的背景或某种条件，影响创新流发展的因素很多，如战略、组织、市场、竞争等；第五，已有研究以理论模型和实证研究为主要研究手段，构建的创新流模型包含了投入产出模型、过程模型、创新扩散模型等，其中创新流过程模型更符合演进的特征。

第三节　二元创新研究进展

由于二元创新相关研究起步较晚，目前，国内外学者在这一领域取得的研究成果不多，主要集中于二元创新的概念及特征、联系与冲突、开发与管理、理论模型构建等方面。

一、二元创新概念及特征

坎特（Kanter）首先提出主流创新（mainstream innovation）和新流创新（newstream innovation）的概念，认为，主流创新是指企业针对那些进行中的、已建立的业务开展的运作，新流创新是指企业培育能产生新收益流的项目的过程。她指出，企业必须一方面要维持主流创新以获取稳定的收益，另一方面要积极探索新流创新赢得未来[2]。劳森和萨姆森（Lawson & Samson）指出，主流创新是企业当前成功的关键，是围绕稳定性、效率和效益以产生现金流的组织过程，新流创新则是为了应对环境的不确定性和动态性，利用知识开发新产品、新工艺、新系统，以铺垫未来的成功[68]。特齐奥夫斯基（Terziovski）认为主流创新通过流程创新为组织运作提供必要的稳定性，而新流创新则表现动态背景下持续新产品开发、知识创造和重组[69]。弗雷德里克森和戴维斯（Frederiksen & Davies）认为主流创新是以满足企业当前业务需求的项目，新流创新是旨在开拓新业务机会的创业活动[70]。贾格尔（Jager）则认为主流创新就是针对传统经营业务，包括其产品、项目和组织的创新活动；相反地，新流创新是有关"成熟企业开发公司创业计划以激发新思想"[71]。朱斌和吴佳音基于技术生命周期理论，认为主流创新是现有技术范式下的周期性主导技术创新活动，而新流创新是为范式转化而开展的驱动性新潮技术创新活动[45]。奈特和哈维（Knight & Harvey）基于知识创新的视角，认为主流创新指的是重复、实施、提炼和有效利用现有的知识。新流创新指的是搜索、发现、发明和创造组织现有业务之外的新知识[72]。

综合上述观点，尽管不同学者对主流创新与新流创新的定义存在一些差异，但对其内涵已基本达成共识：第一，主流创新是以当前市场和客户的需求开展的创新，新流创新是瞄准未来市场和客户的需求开展的创新；第二，主流创新立足当前事务，反映了对现有价值体系的开发，而新流创新立足于可持续发展，反映了对未来价值体系的探索；第三，主流创新注重短期收益，且回报具有较高的确定性，新流创新关注长期利益，但其回报具有不可预期性；第四，主流创新是重复、实施、提炼和有效利用现有的知识。新流创新是搜索、发现、发明和创造新的知识。

二、二元创新的联系与冲突

新流从主流中出现，伴随着主流而发展，最终重新融入主流，由此企业实现持续补充并更新其知识库。因此，企业不仅要有效管理主流业务，同时也要积极发展新流业务，为企业的长期发展构建源源不断的创新流。切尔尼斯和卡普兰（Cherniss & Caplan）认为新流团队离不开主流部门的有力支持，因为主流部门决定了目标确立、资源分配以及如何将新流项目融入组织[73]。特齐奥夫斯基研究发现，新流创新活动带给企业创新系统的产出是不确定的，而主流创新能确保稳定的效率和产出，是新流创新所需资源的主要来源[69]。开展新流创新活动，是企业缩短与外部领先竞争者技术差距的内在需求弗雷德里克森和戴维斯认为在稳定的行业环境下，管理者倾向于开展主流创新活动，而在动荡的行业环境下，管理者则更愿意导入新流创新活动，从而快速切入新的市场[70]。朱斌和吴佳音认为，主流与新流更替、共生、转换，是带动市场价值创造和创新层次升级的内在动力[45]。

在关注二元创新的联系之余，学者们也强调了二者之间的冲突。新流具有与主流不同的充分和必要条件，新流的操作逻辑经常与主流发生冲突，在绩效标准、可预见性以及依赖性方面与主流不同。富洛普（Fulop）认为新流创新的成功往往与较少的权力和资源高度相关，而高层管理给予越多的资金和关注，主流创新反而更容易停滞[74]。继此，本纳和图什曼（Benner & Tushman）强调，开发性主流创新和探索性新流创新是相互矛盾的。开发性主流创新与效率、聚焦、收敛性思维和减少差异化相联系，而探索性新流创新则与试验、弹性、发散性思维和增加差异化等相联系。这两种创新形式对企业的稀缺资源展开了激烈竞争，在复杂多变的市场环境下，企业必须平衡和协调开发性主流创新与探索性新流创新，以提升创新管理水平[75]。

现有研究的主要观点归纳如下：一种观点认为主流适用于稳定环境，而新流适用于动态环境，另一种观点认为企业需要同时开展主流与新流，后者得到更多学者的认同。此外，越来越多学者开始关注主流与新流的冲突问题，研究指出二者的冲突主要表现在价值观、资源、管理决策等方面，平衡、协调、协同是解决冲突的主要思想。

三、二元创新的开发与管理

企业不仅需要有效地管理主流流程，也要开发新流活动来加强创新，这一观点已得到多数学者的认同。创新的压力让商业面临一种平衡问题：既要保持主流活动，也要产生新流。成功企业开始把促进和培育新流作为企业创新战略的一部分，因此，新流的管理尤显重要。坎特（Kanter）研究团队在八个企业中运用八种不同的方法来分析新流的开发与管理，指出新流管理有三个引人注意的特征：不确定性、高强度性和自治性，只有理解主流和新流的不同逻辑并制定出合适的应对措施才能取得成功。外部合作者和联盟是新流创新的重要来源，决策者要学会根据环境的改变而调整管理风格[2]。布勒（Buller）等聚焦于创新人员激励问题，认为主流创新人员的特征是具有灵活性、协作性、团队精神和外部管理能力；新流创新人员则对应冒险、创新与创业。因此，在设计薪酬时，对主流创新者强调团队激励，而对新流创新者突出个人回报[76]。贾格尔（Jager）通过高科技企业的案例研究发现，通过构建成功的创业投资进程，可以有效平衡企业的主流和新流创新[71]。特齐奥夫斯基认为：第一，企业需同等看待主流与新流；第二，由于这两种流提供互补且相互依存的资源，需要加以整合形成汇流创新；第三，需要更为深入的研究来确定主流和新流活动的某种特定配置是否会导致不同的创新产出[69]。劳森（Lawson）认为企业的主流活动提供必要的资源发展未来的商业流，新流活动能够创造新的客户价值。为获得创新，应该以一种综合的方式来管理主流与新流，将二者的能力结合起来开发创造性的商业流，以刺激和维持创造性的产出[68]。博特（Bot）则提出了一种主流创新和新流创新的双向平衡机制，其核心是有序、敏捷、精益的业务管理[77]。

综上分析可以看出，现有研究主要是通过案例研究的方法，探讨主流与新流开发与管理机制，如外部合作联盟、二元创新机制、差异化薪酬激励、创业投资以及项目流程创新等。

四、二元创新的理论模型

坎特首次提出二元创新关系模型，认为企业通过主流业务能力将原材料转化为产出，同时又为新流创新提供资源，而新流创新又反馈提升主流业务能力，主流、新流之间不断交互进而形成企业的持续开发活动[2]。劳森和萨姆森（Lawson & Samson）建立了创新整合模型，指出企业创新能力整合了主流的效率性和新流的创造性，二者共同促进企业创新能力的提升和创新绩效的增长[68]。该模型中的企业创新能力由战略远见、企业治理能力、信息能力、创意管理、组织结构、文化与氛围和技术管理7个要素构成。以上两个模型初步梳理了主流与新流之间的相互联系，但不适用于动态环境。卡洛斯（Carlos）在上述模型基础上，加入竞争环境、管理决策、能力交互等要素，构造了创新能力演化模型；认为二元创新循环演进：企业先产生主流创新，在外部技术差距背景下催生新流，而新流创新在成长后又可能更替为新的主流，以此往复循环。由此，在高层支持和外部合作的作用下，企业技术能力不断积累增长，最终实现技术跨越[78]；朱斌和吴佳音提出了二元创新的动态演化模型，阐明了主流与新流周期性更替、创新范式不断演变、创新能力不断提升的过程[45]。在上述模型的基础上，朱斌和欧伟强构建了二元创新的四维理论模型，探讨了创新能力、创新要素、创新协同度随生命周期演变的规律[79]。

从以上分析可以看出，学者们构建的二元创新理论模型呈现递进式发展脉络，从关系模型发展到整合模型、能力演化模型以及动态演化模型，阐述了二元创新的内在联系、创新能力的演化以及二元创新的动态演化，彰显着动态演化研究已成为二元创新研究的重要趋势和方向。

综合上述二元创新的相关研究，可以得出如下结论：（1）学者对主流创新与新流创新的内涵已基本达成共识；（2）从主流与新流的联系来看，部分学者认为主流适用于稳定环境，新流适用于动态环境，而更多的学者认为企业需要同时开展主流与新流；主流与新流的冲突也日益成为学者们关注的焦点问题，冲突主要表现在价值观、资源、管理决策等方面，解决冲突的主要思想是平衡、协调、协同。（3）在主流与新流的开发与管理研究领域，现有研究普遍是通过案例研究的方法，结合企业实践探讨可行的创新管理机制，如外部合作联盟、二元创新机制、差异化薪酬激励、创业投资、项目流程创新等。（4）学者们在二元创新模型方面取得了一定研究成果，阐述了二元创新的内在联系、创新能力演化及动态演化，显示研究视角由静态发展到动态，为主新流创新研究指明了方向。

本章在坎特、特齐奥夫斯基、朱斌等学者对二元创新活动进行界定的基础上，进一步提出以创新活动载体、创新目标、知识基础、技术轨道和创新业务收入等为标准来界定与分离企业的二元创新活动，认为主流创新是依托于企业主营业务部门（主流项目、主流部门），以提高客户满意度、降低产品或技术创新的投入及成本、提高效率为目的，运用已有的知识和资源，关注既有领域，沿着既定技术轨道的创新活动，其业务收入是企业收入主要来源；新流创新是依托于企业非主营业务部门（新流项目、新流部门、新流孵化器），以提供新理念、探索新技术、产品和市场为目的，利用新的知识或技术，偏离现有技术轨道的创新活动，其业务收入是企业收入的一种补充。

第四节　研究述评

结合以上对国内外相关研究的文献分析可以看出，相关领域的学者对于技术创新演进、创新流以及二元创新进行了广泛研究，并取得了丰富的研究成果。现有技术创新演进研究比较成熟，为二元创新研究提供了有价值的参考借鉴。"通过塑造创新流，建立持续创新机制"的观点已初步得到了学术界的认可。二元创新的研究不断丰富，主要集中于二元创新的概念及特征、联系与冲突、开发与管理等；在理论模型方面也取得了阶段性成果，初步阐释了二元创新的内在联系、创新能力演化以及二元创新动态演化。但是，已有研究成果在内容和方法等方面仍存在不足，有待加强与突破。

（1）现有文献对主流与新流二元创新演进研究尚处于起步阶段，虽指出了技术创新能力演进的大致方向，但对演进机理的解释尚不清晰。学者在二元创新模型方面取得了初步研究成果，阐述了如何通过二元创新形成持续创新流，但缺乏对创新流中二元创新演进的路径、规律的系统性分析，有关演进机理和路径方面的探讨有待加强。

（2）冲突日益成为二元创新的焦点问题。现有研究分析了主流与新流二元创新冲突的表现，提出了平衡、协调、协同的思想，但是对主流与新流的协同机理缺乏系统性理论探索，亦未关注到不同生命周期阶段主流与新流冲突的差异性。将生命周期理论或博弈理论引入二元创新的关系研究，将有助于理解二者演进的复杂性与交替性。

（3）已有研究大多忽略了二元创新的资源约束等条件，如能将创新资源要素纳入研究框架中，将有利于深入探析二元创新演进的内在机理；此外，也很有必要探讨创新要素优化配置的过程和方式，进而完善二元创新的理论框架体系。

（4）由于二元创新研究源于国外，现有研究大多以发达国家的企业为研究对象，缺乏中国情境下企业二元创新的实践探索。鉴于发展中国家与发达国家企业技术创新演进的能力、模式、路径以及影响因素不同，有必要开展中国企业的案例研究，以探寻对中国企业有参考价值的结论与启示。

（5）二元创新演进的研究方法需要突破。现有文献以案例研究和理论模型研究为主，对主流和新流创新的演进大多为定性描述，无法定量分析主流和新流演进的内在动力、阈值确定与资源配置。由于主流和新流创新演进是一个复杂过程，具有持续性、动态性和周期性等特点。因此，如何引入适当的量化研究方法，建立相应数学模型，更为精准地刻画二元创新的动态演进，将是一个富有挑战的研究方向。

第二章 二元创新要素优化配置理论模型研究

　　我国"十四五"规划中再次提出，"必须把创新摆在国家发展全局的核心位置，实施创新驱动发展战略"。但是，作为创新驱动的主体，中国绝大多数企业依然处于"被捕获"的"悲惨增长"境地[80]；企业自主创新面临着多重挑战：一方面，技术创新飞速发展，技术和产品更新速度越来越快，创新生命周期不断缩短，技术范式转换频率逐渐加快；另一方面，自主创新相关的资源要素、驱动要素、障碍要素等创新要素又发生了重大变化，再加上研发经费投入不足、缺乏核心技术能力、引进消化吸收再创新能力薄弱、自主创新政策体系不完善等问题的存在，导致企业难以形成可持续的自主创新，也就无法驱动经济增长方式转变。二元技术创新理论认为，主流创新是指企业针对那些进行中的、已建立的业务开展的运作，新流创新是指企业培育能产生新收益流的项目的过程。通过协同开展二元创新，塑造持续创新流，为企业持续自主创新和转型发展提供了优选途径[81]。因此，如何优化配置二元创新要素、促进二元创新协同发展，如何通过成功企业的经验，为企业自主创新演进寻找新的方向与突破口，成为一个重要的研究问题。

　　国内外学者在基于主流与新流的二元创新理论方面取得了一定研究成果。坎特建立了二元创新的关系模型，认为主流活动将原材料转化为产出，同时为新流创新提供资源、资金支持，新流创新有助于主流业务价值提升，二流之间不断交互进行开发活动[2]。劳森和萨姆森引入创新能力要素，建立了创新整合模型，阐述二元创新二者间相互关联、相互作用的关系[68]。以上两个模型初步梳理了主流与新流之间的相互联系，但不适用于动态环境，因为在动态环境中，主流与新流之间的信息流难以得到保障。卡洛斯进一步引入时间维度，建立创新能力演变模型，认为二元创新是一个不断循环的过程，主流创新相对于新流创新具有先发优势，并在外部环境技术差距的推动下激发新流产生，新流创新在广泛推广后转化为主流，以此往复循环。在高层战略决策的支持下，企业技术能力不断积累与演进，最终实现技术跨越[78]。朱斌和吴佳音建立了以二维理论模型，分析了在企业技术创新中，二元创新更替与共生的问题[45]；姜新杰又在二维理论基础上构建了三维理论模型，探讨了二元创新的冲突与协同问题[81]。

综上所述，学者们阐述了如何通过二元创新形成持续创新流，揭示了二元创新的冲突与协同机理，但缺乏对创新要素构成及特征、创新要素优化配置过程和方式的系统性分析，难以为企业创新资源配置提供有效的理论指导。因此，本章构建四维理论模型，剖析二元创新要素演进规律，阐释创新要素优化配置方式，并开展多案例分析，总结和提炼中国企业二元创新要素优化配置的规律与启示，为企业合理配置创新资源指明方向。

第一节　四维理论模型构建

一、创新要素的划分及要素适宜度

从创新业务活动运作层面来看，本章认为二元创新要素包含了驱动要素、资源要素、赋能要素、障碍要素和收益要素。其中，驱动要素是企业开展主流或新流创新活动的主要原因或创新动机的主要来源；资源要素是企业开展主流或新流核心活动可以利用的资源；赋能要素是实施主流或新流创新活动的主要工具或策略；障碍要素是抑制创新的主要因素；收益要素是业务和企业层面的创新成果产出。

创新要素的配置影响了创新能力水平，进而决定创新绩效。借鉴金相郁的要素适宜度观点[82]，主新流要素适宜度（Factor Appropriate Degree，FAD）表征了二元创新活动在特定生命周期创新要素的内外连接程度，揭示着主新流创新活动发展是否优化。企业应积极采取有效的要素配置手段，提升 FAD，促进二元创新的优化发展。FAD 可以分为三个层次，如表 2 - 1 所示，各层次的适宜度会相互影响，多数时候具有一致性，即当 FFAD、SFAD 较高时，TFAD 通常也高。

表 2 – 1   要素适宜度的三层次内涵

主新流要素适宜度	内涵
第一层次（FFAD）	创新要素禀赋与创新模式的匹配程度
第二层次（SFAD）	创新要素的内外协同程度
第三层次（TFAD）	创新要素禀赋与创新绩效的适宜程度

二、四维理论模型框架构建

埃尔南德斯·平托（Hernández – Pinto）等认为，四维是三维空间在时间线上的运动，并构造出"双曲面"四维模型，表征无质量粒子在三维空间沿时间轴的发散性运动轨迹，散布在圆锥体表面[83]。二元创新演进过程中，创新能力、创新要素、创新协同度这三个维度相互关联，又都是围绕着创新生命周期这个坐标轴运行的。因此，二元创新演进的轨迹，是沿创新能力、创新要素、创新协同度三轴围成的圆锥体表面，绕创新生命周期轴螺旋前进。由于创新极限的存在，创新能力、要素适宜度以及创新协同度在达到最高水平之后将呈现衰退态势。由此，将埃尔南德斯·平托等提出的"双曲面"四维模型改造为"纺锤体双曲面"四维框架，如图 2 – 1 所示。两个圆锥体的相对高度取决于创新生命周期各阶段的长短。由于不同行业的创新生命周期各个阶段的长短不尽相同[84]，圆锥体的相对高度并不一定，但这对二元创新的演进轨迹没有本质影响。圆锥体的底面是创新能力、要素适宜度及创新协同度的最高点所在面，即临界面。在二元创新演进曲线到达临界面之前，创新能力、适宜度、协同度沿螺旋曲线演进而提升；越过临界面之后，三者沿螺旋曲线演进而衰减。当要素更新重组、主新流完成更替后，演进曲线将进入新一轮的循环。

三、二元创新要素演进规律

在二元创新的演进过程中，伴随着创新要素的匹配、协同、优化，二元创新协同度、创新能力随之变化。在内外环境作用下，创新要素更新重组，新旧主流创新产生更替，二元创新进入新一轮的周期性循环演进历程，如图 2 – 2 所示。

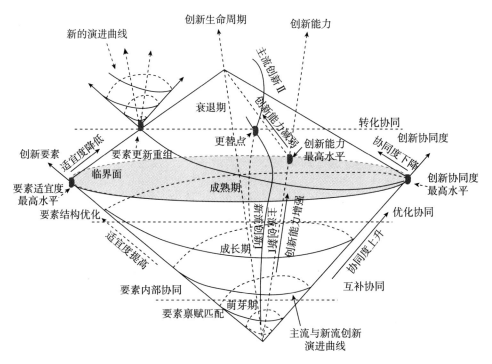

图 2-1　二元创新演进的四维理论模型

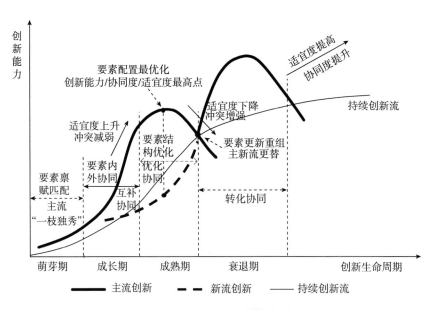

图 2-2　二元创新四维理论模型运行机理

（一）萌芽期——要素禀赋匹配促进创新能力适应性提升

在创新发展初期，企业面临较大的生存压力，驱动企业开展创新活动的主要因素是满足现有市场、客户需求，力求获得更好的业绩收入。企业拥有的资源要素相对比较简单，以财产性资源为主，如技术专利、专有合同、初步建立的生产系统、分销体系等；收益要素主要是效率与质量的改良，而此时的赋能要素与障碍要素都不显著。针对要素禀赋的特点，企业比较明智的选择是围绕核心业务开展主流创新活动。由于受资源禀赋限制，这一时期企业只开展主流创新，因此，不存在主流与新流的冲突问题。为了进一步适应主流创新的发展，企业应识别自身拥有的资源要素类型，恰当地为主流创新配置更多的财产性资源，同时强化主流创新的驱动要素、赋能要素和收益要素，削弱障碍要素。要素禀赋与创新模式不断调整匹配，FFAD 得以提高，推动主流创新活动的顺利开展，促进了主流研发能力和转换能力适应性提升，驱动创新绩效成长。

（二）成长期——要素内外协同带动创新能力、协同度同步提升

这一阶段，主流技术范式基本确立，创新要素禀赋开始呈现多元化特点。主流创新的要素禀赋条件得到强化的同时，适应企业探索新知识基础，开发新技术，开拓新市场的新流创新要素禀赋条件也初步具备，企业同时进行主流创新与新流创新的时机已经成熟。主流或新流创新内部要素的协同，促进主流创新与新流创新的共生成长，并进一步提高了 FFAD。同时，主流为新流提供资源要素，新流为主流提供新的思想，强化主流创新要素；新流为了自身的成长，又需要争夺更多的资源要素。因此，主流与新流在资源要素配置方面冲突最明显。从整体上看，二元创新协同度较低，协同效应为互补协同。需要企业根据效益最大化原则进行合理调控，缓解主流与新流在各创新要素的冲突。随着创新要素内外协同程度提高，SFAD 也呈现出增长趋势，主新流创新要素的契合程度不断加大，带动创新能力、协同度同步提升，进而获得更高的整体创新绩效。

（三）成熟期——要素结构优化推动创新能力、协同度优化提升

这一时期，随着创新要素进一步强化与协同，二元创新要素结构得以优化，创新要素生产效率显著提高，主流创新仅需保持正常的资源要素配置即可获得巨大的收益要素产出，并可将获得的收益投入新流创新中，促使新流创新迅速成长起来。进入汇流创新阶段，FFAD/SFAD/TFAD 都比较高，FAD 达到最高水平，意味着二元创新充分利用了自身要素禀赋条件，主新流创新要素实现了优化配置；主流与新流和谐发展，协同度达到最高，协同效应体现为优化协同，二者之间的协同呈现最优状态，最终推动创新能力、创新协同度优化提升，创新绩效达到最优。

（四）衰退期——要素更新重组引领创新能力、协同度循环提升

进入衰退期，一方面，在原有的要素结构禀赋下，主流创新要素边际效益下降，主流创新整体呈现明显的衰退趋势。另一方面，新流创新要素潜力已被充分挖掘，为转化为新的主流已经积蓄了足够的动能。此时，FAD 也已越过最高点开始降低，整体创新能力减弱，主新流创新协同度随着主流与新流之间决策冲突增强而降低，协同效应表现为转化协同；企业必须重新配置要素来打破僵局，完成主流与新流更替，进而实现创新升级。随着要素更新重组，新的要素禀赋对应新的创新模式，引领创新能力、协同度开始新一轮的循环提升过程，二元创新进入新的演进历程。

四、二元创新要素优化配置方式

（一）适应型配置

适应型配置主要体现在创新模式不明确的萌芽阶段，是指通过要素优化配置来达成要素禀赋与创新模式的适配，进而实现创新的演进，包含了识别、适配、强化三个环节。首先，企业应认真梳理并识别自身创新要素禀赋条件；其次，根据创新战略目标，选择合适的创新模式与当前创新要素禀赋相匹配；最后，当创新模式确定后，企业应加强其驱动要素、赋能要素，增加资源要素，弱化障碍要素的影响，实现收益要素的增强，进一步强化创新要素与创新模式的适配性。

（二）协同型配置

协同型配置一般运用在企业同时开展主流创新与新流创新的发展阶段，是指通过协调创新要素内外部的关系，缓解创新内部要素的冲突以及主流与新流要素之间的冲突，实现主流与新流的协同。具体又可分为效率提升和结构优化两种配置方式。前者强调通过内部要素调整，激发各种创新要素生产效率提升；后者侧重二元创新要素结构的优化，促进二元创新和谐发展。由

于协同型配置考察创新要素利用的直接收益，以创新的最有效利用为目标，因此，企业对于创新产出效益的积极性及其资源组织与运用能力水平的高低，是创新要素能否达到优化配置的决定性因素。

（三）更替型配置

更替型配置大多发生在主流衰退、新流成熟阶段，是指通过对原二元创新重新定位，并调整相应创新要素内容，使要素禀赋条件完成更新重组，并带动主新流创新实现跃迁升级。更替型配置的核心是对资源要素的重新配置，企业应制定计划，逐步削弱原主流创新的资源要素配置，或将其转化为新主流创新的资源要素。此外，对于新的二元创新，企业应重新设定驱动要素，整合赋能要素，识别障碍要素，调整收益要素，使创新要素禀赋条件与创新模式再次适配。由此，二元创新实现了可持续性优化发展。

第二节　企业案例研究及主要发现

在样本企业选择时，需要重点考察以下几个因素：第一，二元创新多见于传统制造业和高新技术产业，故将案例企业锁定于从这些行业中选取；第二，企业注重二元创新，既开发主流业务，又探索新流业务；第三，案例企业应具有较长的创新历程，以便能从创新生命周期对其二元创新演进进行分析，因此尽可能选择成立时间 10 年以上的企业；第四，考虑到数据资料的可得性，以确保后续的跟踪研究，尽可能选择上市公司。根据上述标准以及企业所处的不同阶段，本章选择伊时代、铁拓机械和凤竹纺织进行多案例研究，以保证研究结论的可信性和科学性。

一、适应型优化配置促进创新能力、协同度适应性提升

福建伊时代信息科技股份有限公司（以下简称伊时代）成立于 2003 年 3 月，是专业的数据安全服务企业，以数据安全核心技术自主研发的领先优势走在全国同行前面。经过 10 多年的技术累积和市场开拓，伊时代建立了以福州、北京、上海为核心辐射全国 30 多个省份的业务支撑平台，拥有多个产学研共建实验室。2016 年，伊时代通过了软件能力成熟度模型（CMMI）3 级认证和 ISO 9001 质量管理体系认证，并获得信息安全服务资质、计算机信息系

统集成二级资质、军工二级保密资质、国家密码管理局商用密码的生产和销售单位许可资质等，并被列为 2016 年福建省重点上市后备企业，2020 年，清华大学"智能技术与系统国家重点实验室"落地伊时代。

　　伊时代对创新要素的适应型配置，加强了要素禀赋与创新模式的匹配度，FFAD 得以提高，促进创新研发能力、转化能力、管理能力适应性提升。伊时代不断挖掘主流数据安全技术，初步形成了"防变质、防泄密、防抵赖"的主流核心技术和"7＋1"主流产品模块。随着云计算和大数据的逐步发展，伊时代适时调整要素配置，开始新流云安全领域创新探索。主流数据安全技术为新流创新提供了高素质人力资源和良好的技术基础，而新流技术突破反哺主流数据安全技术开发，二者冲突较弱，呈互补协同效应。初始要素禀赋决定创新模式的选择，创新要素的不断适配、强化，促进创新能力、协同度适应性提升，创新潜力不断被挖掘，企业也获得源源不断的创新绩效。其创新要素优化配置，如表 2－2 所示。

表 2－2　　　　　　　　　　伊时代创新要素优化配置

		主流数据安全技术	新流云安全技术
创新要素	驱动要素	客户的信息安全要求，应对国内同行竞争	新利润增长点，新兴技术探索，云计算和大数据发展需求
	资源要素	软硬件基础设施、排他性合同、自有专利	云安全新流技术
	赋能要素	扁平化管理、鼓励发明创新制度、专利管理制度、产学研合作	企业创新文化，风险承受力，投资项目管理体系
	障碍要素	研发投入资金有限、创新风险较大	新流市场未成熟
	收益要素	服务质量提升，市场占有率提高，利润增长	云安全技术开发、应用及市场认可
要素配置方式	以适应型配置为主		
要素适宜度	要素禀赋与创新模式的匹配度，促进 FFAD 相应提高		
创新能力	创新研发能力、转化能力、管理能力适应性提升		
创新协同度	主流创新与新流创新互补，冲突较弱		
创新绩效	市场占有率提高、经济效益显著、知名度提升		

二、协同型优化配置推动创新能力、协同度优化提升

福建铁拓机械有限公司（以下简称铁拓机械）成立于 2004 年 7 月，致力于沥青混合料、沥青再生、预拌干混砂浆等搅拌设备的研究、生产、销售及服务。创业初期，铁拓机械以差异化定位进入沥青搅拌设备市场，专注于主流沥青搅拌设备领域创新，定位于专注中小型沥青混凝土搅拌设备。2008 年以来，随着市场的不断发展和客户需求的变化，铁拓机械在巩固主业的同时，向多元化发展，要素禀赋条件也日益丰富。根据要素禀赋的变化以及企业发展战略的新要求，公司适时调整了创新模式，同步开展主流沥青搅拌技术创新与新流沥青再生技术创新，并积极采取有效的要素优化配置方式，推动创新能力、协同度优化提升。

从整体上看，铁拓机械的主流沥青搅拌设备专注中小型市场，新流沥青再生设备针对养护市场。通过二元创新的协同演进，公司自主研发实力的逐步增强。公司综合采取效率提升和结构优化型要素优化配置方式，一方面，加强了要素禀赋与创新模式的适配性，FFAD 再次提高；另一方面，提高了主流与新流协同程度，带动 SFAD 同步上升。二元创新要素之间冲突缓和，促使二元创新的协同效应从互补到优化。企业整体创新能力水平显著提高，创新绩效持续增长，创新要素与创新绩效的适宜程度明显提高，FFAD/SFAD/TFAD 实现了多层次提升。2016 年，主流创新方面，公司在中小型沥青搅拌设备市场占据了领先地位，移动式沥青混凝土搅拌设备占中国市场销售总量的 60%以上；新流创新方面，沥青再生设备稳居中国销量第一，出口势头也非常迅猛，新流业务已经占到总业务收入的 30%以上。2019 年，TSEC 系列环保型逆流式沥青厂拌热再生成套设备入选中国工程机械年度产品 TOP50（2019），公司入选"新一轮中国外贸出口先导指数样本企业"。2021 年，在国家倡导绿色低碳经济的大环境下，铁拓机械在再生领域上的丰富积累将转化为公司的实力底蕴。同时，公司计划进军砂石骨料市场，新增的产品线将创造新盈利点。此外公司还通过继续新增自动化制造设备、引入 5G 技术改造现有设备等方式进一步加强车间智能化改造。技术中心通过结构调整，技术改进等手段深入强化产品标准化、精细化。铁拓机械创新要素优化配置情况，如表 2-3 所示。

表 2-3   铁拓机械创新要素优化配置

		主流沥青搅拌技术	新流沥青再生技术
创新要素	驱动要素	客户对产品的质量/成本要求，应对国内同行竞争	国际市场开发，环保要求
	资源要素	沥青搅拌成套设备，系统生产体系，排他性合同等	沥青再生新流技术、设备等
	赋能要素	供应链合作，主流技术体系，自主研发团队，知识产权管理	差异化创新战略，产学研合作
	障碍要素	主流技术不可持续	新流绩效不明朗
	收益要素	利润增长，客户满意度提升，市场占有率提高，品牌形象升级	沥青再生技术开发及应用，沥青再生设备的市场认可
要素配置方式		以协同型配置为主	
要素适宜度		要素内外协同、结构优化推动 FFAD/SFAD/TFAD 多层次提升	
创新能力		主流创新能力全面增强，新流创新能力飞速提升，整体创新能力显著提高	
创新协同度		二元创新要素之间冲突缓和，协同效应从互补协同到优化协同	
创新绩效		企业整体创新绩效持续增长，国内市场占有率领先，国际市场占有率提升，新产品销售占比提高	

三、更替型优化配置引领创新能力、协同度循环提升

福建凤竹纺织科技股份有限公司（以下简称凤竹纺织）成立于 1991 年，以棉纺、染整精加工和针织面料、筒子色纱生产及环保设施运营为主营业务，是"中国最具生命力十大民营企业"，连续七年名列"中国针织行业竞争力前十强企业"。凤竹纺织始终坚持以科技为本，集成企业内外创新资源开展技术创新，走自主创新之路。凤竹技术中心被国家发改委、科技部、财政部、国家税务总局、海关总署联合认定为"国家级企业技术中心"，并被列入"第二批国家循环经济试点单位"。2016 年，凤竹纺织建立福建省省级工业设计中心，新产品营业收入占比达 70% 以上，2020 年，公司荣获国家技术创新示范企业。凤竹纺织的主流技术完成了从溢流染色技术更替升级为气雾染色技术。

通过更替型要素优化配置，凤竹纺织实现了新旧主流更替，创新能力实现跨越升级。主流气雾染色技术范式逐步确立，新流环保节能技术创新又开始涌现，创新能力在新一轮主新流演进历程中得以循环提升。主流与新流的

要素禀赋条件产生了新的变化：对主流气雾染色技术创新而言，其创新内部要素比较和谐，关键在于进一步提升创新要素生产率；对新流环保节能技术创新而言，其核心在于技术开发及其在主流创新领域的应用。新的二元创新之间冲突再一次缓和，相互促进，形成汇流创新，协同效应表现互补协同态势。在二元创新要素新一轮的匹配、协同、优化过程中，FFAD/SFAD/TFAD开始新的循环，创新绩效实现持续增长。凤竹纺织创新要素优化配置情况，如表 2 - 4 所示。

表 2 - 4　　　　　　　　　凤竹纺织创新要素优化配置

创新要素		主流气雾染色技术	新流环保节能技术
	驱动要素	国内外客户对质量、时尚、环保的要求	国际竞争，政策要求
	资源要素	排他性合同、一体化溢流染色生产系统；研发、设计、检测、信息等多团队合作协调技术	环保节能、低碳技术等
	赋能要素	六大核心技术部门和职能部门，国际营销网络，长期合约制度，ERP信息平台，产学研合作创新	投资项目管理体系、"以人为本"的企业文化、动态技术创新团队
	障碍要素	不显著	新流绩效不明显
	收益要素	稳定的经济收益，持续的质量改进，良好的市场声誉	环保节能技术开发及其在主流创新领域的应用
要素配置方式		以更替型配置为主	
要素适宜度		FAD开始新的周期循环	
创新能力		二元创新能力升级，循环提升	
创新协同度		二元创新要素之间冲突缓和，协同效应从转化协同到互补协同	
创新绩效		创新绩效实现持续增长，国际化战略成效明显，新产品销售占比大幅提升	

第三节　结论与启示

一、推动四维和谐演进，形成持续自主创新

企业创新要素优化配置，关键是要推动二元创新的协同发展过程。企业

开展二元创新活动，两种活动不是孤立地各自运行，而是存在相互促进或相互制约的关系。二元创新的协同发展，关键是促进二元创新四维和谐演进。在创新生命周期不同阶段，企业创新要素禀赋不尽相同，创新能力水平存在差异，二元创新的协同程度也不断调整。伴随着创新要素的匹配、协同、优化，创新能力、协同度随之变化；创新要素组合的突变重组，导致主、新流创新轨道的切换，自主创新能力层级提升，进而实现更高的创新绩效，为企业二元创新演进提供了新的方向与突破口。因此，企业要形成持续自主创新，必须推动创新生命周期、创新要素、创新能力、创新协同度的和谐演进。通过优化配置创新要素，协同开展二元创新，培育提升自主创新能力，形成持续创新流，才能促使企业整体自主创新进程向前推进，进而获得源源不断的创新绩效。

二、提高要素适宜度，明确优化配置方向

要素适应度（FAD）反映主新流创新活动在特定时期内的发展状态，是企业对创新要素进行配置的结果。FAD 不仅与创新要素相关，主流与新流的周期性演进与转化，二者从冲突到协同，创新能力的提升与跃迁，都可以在 FAD 的变化过程中得以体现。伊时代、铁拓机械和风竹纺织，在各自企业的不同创新阶段，选择最适合企业现状的二元创新推动方式，在提高 FAD 的同时，也推动了创新能力、协同度优化提升。通过资源要素这一核心要素的重新配置，企业创新要素禀赋结构完成优化、升级，引领创新能力、协同度进入新的循环提升进程，创新绩效实现了持续增长。FAD 的提出，将企业决策者的注意力拉回自身的要素禀赋调整上，把提高 FAD 作为企业要素优化配置的方向，即通过优化要素配置，提升 FAD，实现企业自主创新可持续性优化发展。

三、培育自主创新能力，赢取持续竞争优势

在二元创新的演进过程中，企业综合采取适应型、协同型和更替型要素配置方式，推动企业核心技术动态成长，从萌芽、发展到突破技术极限实现技术跃进，从而掌握领先于同行的核心技术，技术能力水平得以不断累积增长。高层管理的支持、战略与资源的倾斜，促使主流创新能力多层次均衡发

展；在探索新技术、新产品过程中，企业通过整合创新资源、寻求外部支持等方式，为新流创新的蓄势发展奠定良好的能力基础。主流创新能力陷入发展瓶颈时，新流创新能力保持强劲，为突破现有创新极限、实现新旧主流转化提供了充分的能力驱动。因此，企业要想永续发展，就必须优化配置创新要素，整合二元创新能力，培育持续的自主创新能力，为企业在激烈的市场竞争中赢得持续竞争优势。

四、推动主新流协同发展，实现优化发展目标

二元创新协同发展的本质是要素协同。首先，在要素驱动层面，企业既要立足于当前业务发展需要，又要着眼于未来可持续发展，为企业创新目标协同提供最大合力；其次，在资源要素层面，企业一方面优化二元创新资源配置，另一方面积极拓展创新资源获取渠道，为二元创新协同奠定坚实基础；再次，在赋能要素与障碍要素层面，企业既要建立核心技术部门和职能部门、国际营销网络、长期合约制度、ERP 信息平台、产学研合作等适应主流创新模式的组织工具，又要着手构建投资项目管理体系、"以人为本"的企业文化、动态技术创新团队等促进新流创新的组织策略，由此建立的二元性组织架构，有利于克服各种抑制创新的阻力，为二元创新协同发展提供有效保障；最后，在收益要素层面，企业需要兼顾短期利润和长期收益，为二元创新协同发展指明正确方向。在二元创新的四维演进中，通过创新要素生产率的提升以及结构优化配置，主流与新流实现协同发展，推动自主创新朝着优化发展的目标演进。

第三章　二元创新资源配置的
探索性案例研究

　　克里斯坦森（Christiansen）在《创新者的窘境》中指出："行业龙头企业常常因为破坏性技术的崛起而没落，没落原因并非企业经营不善或赶不上技术速度，反倒是因为他们太擅长于管理，而这恰恰不利于破坏性技术的管理[85]。"他认为一些看似很完美的商业动作：对主流客户所需、盈利能力最强的产品进行精准投资和技术研发，最终却可能毁掉一个优秀的企业；而暂时遭到主流客户拒绝的、关键的、突破性的技术，往往会逐步演化成主导新市场的破坏性创新。中国企业同样面临着"不创新等死，创新找死"的两难问题。由于依赖于引进国外技术，缺乏新技术研究，核心技术仍掌握在发达国家手中。再加上长期不重视基础技术研发，造成了知识断层，未能累积共性通用技术，创新出现断流，无法形成持续创新流，企业创新陷入在破坏性创新的可能失败与继续在竞争市场中挣扎之间选择的两难困境[86,87]。因此，面对急剧变化的市场环境，企业无法仅依靠单一创新来支撑持续竞争优势，必须实施二元创新，在开展主流创新的同时，积极探索新流创新，由此建立新的价值体系[88]。

　　学者在二元创新理论方面取得了初步研究成果，阐述了如何通过二元创新形成持续创新流，但现有研究缺乏对如何通过合理资源配置，形成不同二元创新配置模式、规律的系统性分析，并且大多以发达国家企业为研究对象，我国情境下企业二元创新研究样本较少，在如何推进我国企业开展二元创新上缺乏清晰的战略遵循。因此，本章首先构建理论模型，从动态视角分析二元创新的共生演进机理；其次，开展探索性多案例研究，力求揭示二元创新资源配置的路径、战略选择，进一步深化二元创新理论研究；最后，探讨二元创新资源配置路径与战略的匹配性，为企业创新转型升级提供新思路和决策支持。

第一节　二元创新资源配置的基础理论框架

根据系统论的观点，机理是系统内部的活动原理。要破解企业创新过程的连续性和可持续性问题，就必须充分认识创新发展的阶段性特征，才能做出正确的创新战略选择，从而获得持续竞争优势。因此，可将以创新生命周期为时间维，从整体上考量企业创新能力水平的阶段性变化，剖析二元创新的动态演进机理。目前有关技术生命周期阶段划分没有统一的认识，如哈维（Harvey）的六阶段、鲁塞尔（Roussel）的四阶段和哈利勒（Khalil）的三阶段划分[89-91]。从本质上看，各种划分方式之间不是对立的，存在一定的对应关系。结合二元创新演进的特征，本章采用四阶段划分法，认为二元创新生命周期就是主流技术从萌芽期，经历成长期、成熟期，到衰退期，新流技术相伴成长并新旧主流更替，实现创新能力不断提升并持续跃迁的过程。主流创新是为了满足市场竞争和企业发展需要，新流创新体现了技术发展趋势和技术革新需要，都各自朝着下一个技术领域演进。随着主流技术的没落，新流技术转化成为新的主流，实现技术轨道顺利跃迁。在随后的创新历程中，新的循环再次开始，新流创新又会萌发并成长，在时机成熟时再一次完成新旧更替。由此，通过二元创新的资源配置，推动二者周期性更替，企业形成了持续上升的创新流，破解了创新困境。随着二元创新不断更迭，整体创新能力持续提升，企业核心竞争力也不断增强，如图 3-1 所示。

一、二元创新的范式转移

主流创新是对已有主导技术或产品的改进和提升。伴随着主流技术范式的萌芽、确立、积累、稳定，主流技术体系逐步形成并完善。当主流技术规范逐渐无法适应市场需求，客观上要求冲破原有技术规范，主流技术体系开始衰落解体。宋艳和银路认为当一种技术的进步实现了相同或相近的市场需求，但它却以一种全新的技术为基础时，就可以称为不连续性技术创新[92]。主流技术的不连续性创新催生了新流技术，新流技术（产品）的性能或者成

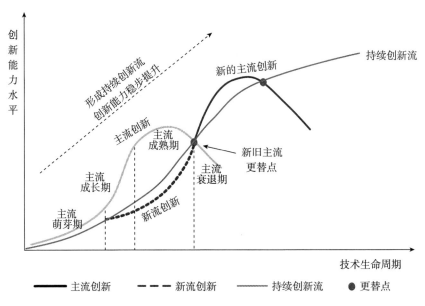

图 3 - 1 二元创新演进的基础理论框架

本与原有技术轨道下的技术或产品有着巨大的差别，从而更大程度地满足现有的顾客需求或创造潜在的顾客需求。新流技术规范在前期的孕育、萌芽中成长起来，新流技术体系也逐渐形成和崛起，并在适当时机更替原主导技术，形成新的主流创新，如图 3 - 2 所示。新流创新实际上是一种换轨式创新，是技术范式的变革，是用新的技术轨道和范式代替原有主流技术轨道和范式的过程，也就是新的主导技术产生、并最终替代原主导技术的过程。从产业层面来看，新流创新所带来的新技术体系取代原主流技术体系时，将会推动主导设计的变革，进一步改变市场竞争格局。

二、二元创新的技术更替

依据增长极限理论，在创新资源禀赋结构不变的情况下，主流创新绩效呈现边际收益递减趋势，而主流创新资源投入量和资源使用效率不会无限增长，因此，主流创新绩效存在极限，所对应的水平线即"新绩效过滤线"[93]，如图 3 - 3 所示。当主流技术经历技术生命周期的演进，在快速变革进程中，往往出现替代性技术，即新流技术。如果新流技术或产品经过前期的孵化和培育成长起来，能更大幅度地增加消费者的满意度，进而突破"新绩效过滤

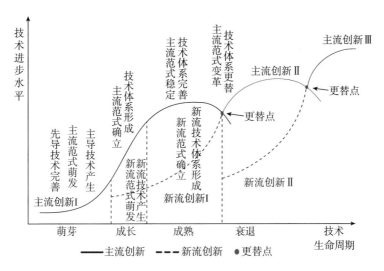

图 3-2 二元创新的范式转移

线",那么它可能成长为一种新的主流技术,进入新一轮的技术生命周期演进。在图 3-3 中,S_1 是主流技术发展曲线,S_2 是新流技术发展曲线,虽然新流技术发展起步较迟,但通过有效资源配置,其最终将在某个时刻($\geq t_3$)取代旧的主流技术,成为新的主流。比如,电子管技术达到创新极限,催生晶体管技术的生成、成长并最终取代电子管技术;晶体管技术创新达到极限,催生集成电路技术的生成、成长并最终取代晶体管技术;传统手机达到创新极限,催生智能手机的生成、成长并最终取代传统手机。

三、二元创新的代际演化

二元创新演进呈现阶段性、周期性特征,每一轮二元创新生命周期都是一个演化代[94]。如图 3-4 所示,每一个演化代都伴随着主流创新的萌芽、成长、成熟到衰退,展现了演化代中新流创新与主流创新的互补、优化、转化。结合摩尔定律为企业创新带来的指数式增长,主流或新流创新的速度不断加快,意味着新一轮创新生命周期的演化速度也进一步加快,演化代越来越短。图 3-4 中,从演化代 1 到演化代 2、演化代 3,历时越来越短。可以说,一定时间内,创新速度增长更快,即创新加速度也在不断提升,二元创新呈现代际演化加速的规律。通过有效的资源配置,加速代际演化,推动企业的主流与新流历经着一轮又一轮流的共生与更替,进而实现技术跃进与创新层次升级的不断持续。

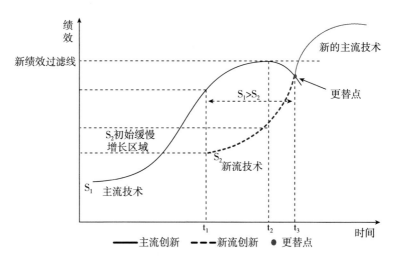

图 3 - 3　二元创新的技术更替

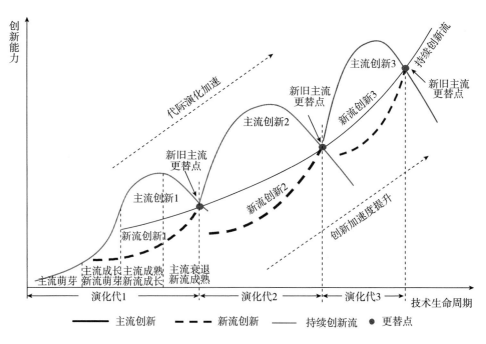

图 3 - 4　二元创新的代际演化

第二节 多案例探索研究

一、案例企业选择与数据收集

迄今为止，案例研究方法已经得到社会学、人类学、教育学及公共管理等学科研究者的广泛认可。艾森哈特（Eisenhardt）、姚明明、郭媛媛等认为多案例研究可以对案例进行更系统的分析，研究结论更具一般性[95-97]。此外，从多个案例推导出的结论往往被认为更具说服力，更经得起推敲。因此，本章采取探索性多案例研究的方法探寻企业二元创新资源配置的路径与规律，以期提高案例研究的有效性和研究结果的普适性。

根据研究目的，本章选择案例企业遵循以下原则：（1）尽可能选择国家级或省级认定的高新技术企业、知识产权优势企业以及科技型企业等；（2）企业注重二元创新，既开发主流业务，又探索新流业务；（3）案例企业应具有较长的创新历程，以便能从创新生命周期对其二元创新演化及其资源配置进行分析，因此尽可能选择成立时间10年以上；（4）考虑到数据资料的可得性，以确保后续的跟踪研究，尽可能选择上市公司；（5）既着眼成功企业的经验总结，也关注衰败企业的失败教训。

本章采取二手资料和一手资料相结合的采集方法。其中，二手资料收集渠道包括：所有发表过的有关该企业的主要新闻报道、期刊文章等；企业官网发布信息、内部刊物、年度报告以及企业家出版的书籍等；企业外部出版的有关该行业/企业/企业家的书籍、行业分析报告等；一手资料采集方法主要有：样本企业蹲点调研与跟踪研究；实地调查，包括现场访谈和现场考察；收集公司宣传手册、企业文化和规章制度等资料。通过多种数据的汇聚和相互验证来保证数据的准确性和可靠性，案例企业总体情况如表3－1所示。

表 3－1 案例企业总体情况

企业	所属行业	核心技术路线
福建福顺微电子有限公司（简称：福顺）	集成电路	双极工艺→CMOS 工艺→Bi－CMOS 工艺→VDMOS 工艺

企业	所属行业	核心技术路线
金天梭－鑫源机械有限公司 （简称：金天梭）	针织机械	传统机型→功能机型→特种机型→智能机型
福建海源复材科技股份有限公司 （简称：海源复材）	专业装备	液压机械→复合材料→3D 打印
福建伊时代信息科技股份有限公司 （简称：伊时代）	信息安全	数据安全→云安全
福建铁拓机械有限公司 （简称：铁拓机械）	搅拌机械	沥青搅拌设备→沥青再生设备
福建凤竹纺织科技股份有限公司 （简称：凤竹纺织）	针织染整	溢流染色→气雾染色→节能环保
福建南方路面机械股份有限公司 （简称：南方路机）	搅拌机械	搅拌机械→制砂机械
福建省 WB 光电科技有限公司 （简称：WB 光电）	光电子	集成电路→LAMP/SMD/COB 封装技术→MCOB 封装技术 ⇒ Flip Chip 封装技术
福耀玻璃工业集团股份有限公司 （简称：福耀玻璃）	汽车玻璃	玻璃维修→汽车玻璃→建筑玻璃/浮法玻璃

注：数据源于企业年报和访谈，WB 光电于 2014 年破产。

二、企业二元创新资源配置图谱

通过多案例对比研究发现，不同行业企业二元创新演进呈现不同的状态、内在关系及路径，代际演化加速规律十分明显（见表 3 - 1，表中→表示成功演进，⇒表示演进失败）。例如，福耀玻璃从玻璃维修领域到汽车玻璃领域的二元创新转换历时近 15 年，而在汽车玻璃成为新的主流创新后，仅过了 4 年，新流浮法玻璃就成为企业创新的重要组成部分；金天梭从传统机型到功能机型、特种机型、智能机型的更替时间分别是 10 年、4 年、3 年；福顺完成主流技术从双极工艺到 CMOS 工艺、BiCOMS 工艺、VDMOS 工艺的过渡分别耗时 8 年、4 年、3 年。二元创新代际演化加速，既是日益激烈市场竞争的外在反映，又是企业不断加大 R&D 投入的内部驱动成果。在二元创新演进过程中，企业必须及时调整资源配置路径和战略，积极培育、催化新流创新，协同推动二元创新，形成持续自主创新能力，才能确保企业在市场竞争中立于不败之地。借鉴科学技术可视化路径图谱的绘制思路，将每个案例企业不同阶段的技术或产品及其所对应的时间节点绘制成产品技术演化阶梯图，以此反映该行业企业核心产品或技术的发展历程与脉络，如图 3 - 5 所示。

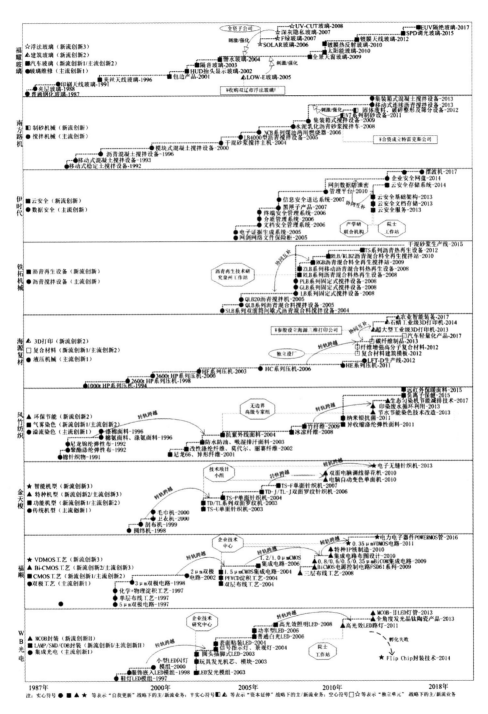

图 3-5 案例企业二元创新资源配置图谱

三、二元创新资源配置模式分析

企业需要采取各种方式协调主流创新与新流创新的冲突，促进二者协同发展，进而促进企业创新演进升级。从案例企业演进图谱中核心产品或技术的演进特征发现，二元创新之间不是简单的更替关系。因此，对前述提出的二元创新资源配置的基础理论框架进行修正，认为企业二元创新资源配置可以采取顺轨式、螺旋式或转轨式配置模式。

（一）顺轨式配置模式

顺轨式配置模式，即企业在坚持主流核心业务的同时，向产业链上下游延伸，纵向探索新流业务，资源配置的重点并不在于获取经济上的回报，而在于通过新流创新刺激或强化主流创新，推动主流创新沿着既定技术轨道持续增长，如图3-6所示。以福耀玻璃为例，在主流汽车玻璃产业链不断完善过程中，企业发现生产汽车玻璃的主要原料浮法玻璃95%依赖进口，制约了主流汽车玻璃业务的发展。随后，福耀玻璃从2005年开始投资新流业务，建设汽车级浮法玻璃生产线，补全了主流业务在原料供应上的短板，强化了主流汽车玻璃的国际竞争力。南方路机在主流搅拌机械创新发展的基础上，围绕客户的价值链延伸，进军新流制砂机械领域，使企业具备破碎整形、制砂、搅拌等全产业链能力，进而成为工程搅拌全领域整体解决方案的专业服务商与制造商。因此，当企业主流市场竞争格局比较稳定、主流业务核心竞争优势比较明显时，通过加大新流创新资源配置比例，发展新流业务来不断刺激、完善和强化主流核心业务，提升企业持续创新能力，是企业推进二元创新演进的重要路径之一。

（二）螺旋式配置模式

螺旋式配置模式，即企业依据整体战略目标，立足主流创新竞争优势，在市场中横向探索，平衡二元创新资源配置，寻找新的机会，推动二元创新协同互补，形成新流与主流螺旋上升态势（如图3-7所示）。对于这一类型的企业而言，新流创新资源配置侧重于通过开拓新兴市场，获取更多经济上的回报。例如，案例企业伊时代在云计算和大数据快速发展的行业背景下，将主流数据安全技术移植到云平台，开展新流云安全技术创新，既满足新兴市场中客户需求，又反哺主流数据安全技术创新，二者形成较好的互补协同

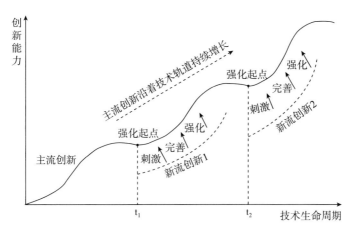

图 3 − 6 顺轨式配置模式

效应。铁拓机械在巩固沥青搅拌设备主业的同时，拓展沥青再生设备新流业务，向多元化发展。主流沥青搅拌设备专注于中小型市场，新流沥青再生设备针对养护市场，二者从互补到协同，为铁拓机械打造专业化、精品化品牌形象奠定了坚实的基础。因此，当企业创新要素禀赋比较充裕时，企业应积极启动新流创新，以主流创新带动、支持新流创新，以新流创新反哺主流创新，推动二元创新形成协同互补，保障企业整体创新绩效持续增长。

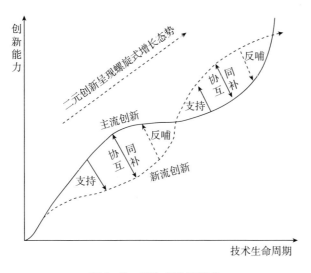

图 3 −7 螺旋式配置模式

（三）转轨式配置模式

转轨式配置模式，是指在创新加速、行业竞争愈加激烈的动态环境下，主流业务潜力有限、主流技术优势难以持久，企业需要加大新流资源配置，搜寻更有潜力的市场或者新一代核心技术实现技术跨越，进而引领企业未来的可持续发展（如图3-8所示）。例如，金天梭为满足市场需求的不断变化，先后开展传统机型、功能机型、特种机型、智能机型创新，实现历次代际演化升级；海源复材在主流液压机械市场日渐萎缩、亟需转型升级的背景下，根据客户反应和潜在需求，迅速开展新流复合材料创新，并顺利完成了新旧主流更替，实现转型升级。福顺从双极工艺到 CMOS 工艺、BiCOMS 工艺、VDMOS 工艺，凤竹纺织从溢流染色技术到气雾染色技术、环保节能技术，均展现出核心工艺技术水平从低到高的跨越式发展。总之，随着市场竞争加剧，环境日益动荡，单一的主流创新无法支撑企业获得长久创新收益。只有通过转变资源配置方向，培育新流创新，促进主导技术完成技术转轨、跃迁，才能引领企业步入新一轮的创新演进。二元创新的动态交替、循环演进，为企业实现整体技术生命周期的绵延不断和技术能力的动态跃进，提供了明确的路径指引。

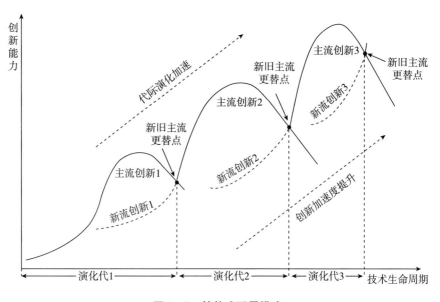

图 3-8 转轨式配置模式

四、二元创新战略选择探讨

为了有效推进可持续创新发展，企业高层管理者需要综合考虑行业竞争、资源禀赋、组织惯例等条件，采取自我更新战略、资本延伸战略或独立单元战略。

（一）基于结构二元性的自我更新战略

自我更新战略主要表现为：针对主流创新与新流创新对应的不同表现形式，企业通过内部组织结构重组，建立二元组织结构来破解主流创新与新流创新在资源、流程、文化上的冲突。例如，福顺在 CMOS 工艺成为主流创新之后，专门成立技术中心，开发 BiCMOS 工艺技术，完成了从 CMOS 主流工艺技术向 BiCMOS 新主流工艺技术升级；金天梭在特种机型已站稳市场后，并没有故步自封，又将目光瞄准智能机械市场，专门成立了技术项目小组，通过拆机解剖和重组掌握前瞻性技术，为成为行业内掌握新一代智能化针织技术的领军企业奠定了坚实基础；依托在希腊建立的染色技术与系统控制中心，风竹纺织建立无边界高级专家组，保证了企业攻克染整关键技术、核心技术的有生力量，实现了气雾染色技术对溢流染色技术的更替；铁拓机械与台湾富大威机械工程有限公司联合成立"沥青再生技术研究泉州工作站"，推动企业主流沥青搅拌设备创新与新流沥青再生设备创新的协同演进；伊时代依托 7 个产学研联合机构和 1 个院士工作站，时刻关注数据安全领域新动向，在云计算和大数据的背景下，伊时代适时调整创新战略，开始新流云安全领域创新探索，并通过新流云安全创新的技术突破反哺主流数据安全技术的开发，形成有效的二元创新演进。该战略实施的重点在于通过建立企业研究中心、技术中心、院士工作站、产学研机构、技术项目小组等二元组织结构，平衡二元创新的同步发展：主流创新为新流创新提供资金、技术、人才等支持，新流创新又反哺主流创新活动。在适当的时机，企业推动新流取代主流，进而实现技术跃迁，最终形成二元创新的可持续发展态势，如图 3－9 所示。

（二）基于多元网络联系的资本延伸战略

资本延伸战略认为，企业应该建立和保持与新兴企业的联系网络，等新兴市场即将成熟时，可以采取风险投资、战略联盟或持有股份等方式与新兴

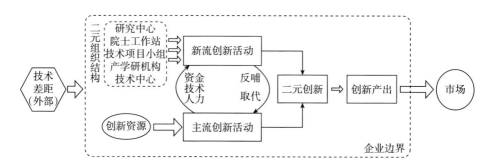

图 3-9　自我更新战略

企业合作，甚至收购该新兴企业，由此获得新鲜血液注入企业。由于新兴企业缺乏资源、权力、市场和渠道，往往也愿意与领先企业合作。例如，2003年，福耀玻璃收购吉林双辽市浮法玻璃厂，以建筑浮法玻璃为切入点，初步拓展新流浮法玻璃领域，当年实现新流浮法玻璃业务收入 1.506 亿元，占总业务收入 8.7%。海源复材在推进复合材料领域创新的同时，于 2013 年参股设立海源三维打印公司，从事 3D 打印新兴领域，2015 年营业收入已达到448.7 万元，其 3D 打印新流业务初步获得市场认可。2010 年，南方路机审时度势，通过与世界一流企业美国 TEREX 战略合作，成立特雷克斯南方路机泉州移动破碎设备有限公司，进入新流机制砂设备生产线等系列领域，并逐步成为国内制砂机械设备的领跑者；2014 年，新流业务约占企业总营业额的10%。可见，企业通过建立广泛的网络联系，依托资本进行新流业务延伸，是推动二元创新演进的有效战略。该战略比较适合于行业领先企业：凭借其资源、权力、渠道等优势，企业通过资本运作获取新兴企业的新流技术，对原有主流技术进行增强甚至更替，进而实现创新升级，从而在竞争日益激烈的创新浪潮中立于不败之地，如图 3-10 所示。

（三）基于外部自治组织的独立单元战略

由于企业倾向于把资源用于满足主流业务、主流客户的需求，并侵占新流创新的资源，再加上新流创新的资源、流程、价值评判标准与主流创新存在矛盾。当企业发现很难通过改组企业结构来推进内部二元创新时，从企业外部建立一个自治组织来开展新流创新就成了一条有效的解决途径。这种自治不仅指地理上或所有权上的独立，更重要的是流程、成本结构和价值评价的独立。比如，海源复材将新流创新独立单元与主流创新组织分开，设立全

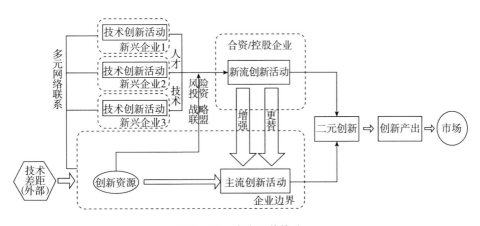

图 3 – 10 资本延伸战略

资子公司海源新材料，减轻主新流之间由于创新资源的争夺、创新管理、价值观及文化冲突所带来的负面影响，新流复合材料创新得到更多的资金、技术、人才支持，实现了飞跃式发展，在短短 4 年时间实现新流业务收入占企业总收入 1/3 以上。福耀玻璃在主流汽车玻璃创新稳步推进的同时，积极往产业链上游拓展，解决供应问题，探索新流浮法玻璃领域。企业通过业务剥离，独立设厂的方式，在国内外建立了若干个现代化的浮法玻璃生产基地，形成了"主流汽车玻璃＋新流浮法玻璃"的二元创新格局，进一步完善了产业结构。独立单元战略将具有不同创新流程、创新理念与价值观的两种创新行为进行隔离，在保持各自独立性的同时，二元创新之间仍然相互交流，共同发展。这一战略的选择，需要企业家和高层管理者敏锐把握行业技术发展前沿趋势，并具备较好的战略布局和推进能力，通过在企业外部建立独立新流业务单元，作为主流业务的补充；当新流业务单元足够成熟并更具成长性时，又能顺势将其转变为主流业务，由此实现可持续创新发展，如图 3 – 11所示。

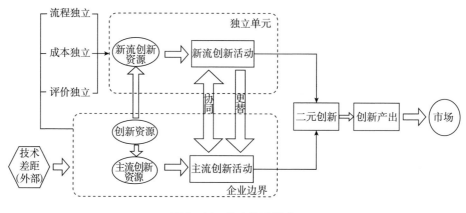

图 3－11　独立单元战略

第三节　二元创新资源配置模式与战略选择的匹配性分析

一、配置模式与战略选择的不匹配将导致创新失败

案例企业 WB 光电在推进二元创新演进历程中，由于资源配置模式与战略选择不匹配造成了创新失败，最终于 2014 年破产。在 WB 光电发展后期，MCOB 封装技术成为企业的主流技术，基于该技术的大功率 LED 照明产品成为其主要利润来源。此时，LED 照明行业竞争加剧，价格战此起彼伏，新一代 Flip Chip 封装技术也开始受到部分企业追捧。在这样的行业背景下，WB 光电为了降低不确定性，提升主流产品的竞争力，投入更多的人力、资金进行渐进性主流技术优化和主流产品改良，其资源配置模式从转轨式切换为线性顺轨式。此时，企业大部分技术人员熟悉和擅长 MCOB 领域的技术开发，倾向于优化已有的大功率 LED 照明产品，逐渐形成了组织的核心刚性。核心刚性使主流创新陷入了无限的自我强化，但由于创新极限的存在，主流技术潜力越来越小，主流创新收益呈现边际递减趋势，最终形成难以突破的技术僵局。在创新路径调整为线性顺轨式之后，WB 光电依然采用自我更新战略。对于新兴的 Flip Chip 封装技术，企业高层判断该技术风险过高，收益不明朗，仅组建了一个小型技术团队进行跟踪，但是由于核心刚性的存在，该团队难有作为。当基于 Flip Chip 封装技术的新一代应用产品日益兴起并逐步取代基

于 MCOB 封装技术的应用产品时，WB 光电难以及时跟进，未能探索出适应市场变化的新流技术，丧失了进入新兴市场的机会，最终陷入创新失败的陷阱。总结 WB 光电创新失败教训，可以发现选择顺轨式路径容易造成组织惯例自我强化，企业难以从内部进行自我更新，更应该选择资本延伸或独立单元战略进行二元创新。否则，创新路径与战略的不匹配将造成主流创新与新流创新失衡，最终导致二元创新失败。

二、创新资源配置模式与战略匹配矩阵

综合前述分析，将各案例企业二元创新路径与战略进行整合，形成匹配矩阵，如图 3 - 12 所示。

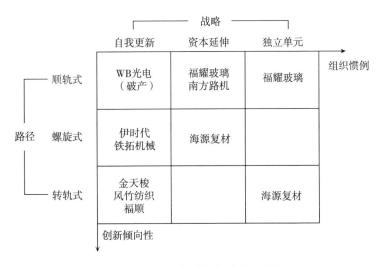

图 3 - 12 二元创新路径与战略匹配矩阵

二元创新路径选择在一定程度上反映了创新倾向性。选择顺轨式路径的企业倾向于开发性主流创新活动，转轨式则偏向于探索性新流创新活动，螺旋式介于二者之间。同时，由于组织惯例的存在，不同企业开展二元创新活动遇到的阻力大小亦有差异。组织惯例较弱时，企业可采用从内到外的自我更新战略，随着组织惯例增强，企业就必须从采用从外到内的战略（资本延伸、独立单元）开展二元创新。

选择顺轨式二元创新路径的企业，追求纵向完善。这类企业往往是行业

领先企业，主流技术优势明显，然而组织惯例较强，从内部构建二元组织结构来推进二元创新的难度较大。由此，这类企业更适宜采取"曲线救国"的方式，凭借自身的资金优势和行业影响力，通过收购、参股、合资等资本延伸手段建立多元网络联系，获取新流创新成果来强化主流创新。此外，企业也可以通过实施独立单元战略，在企业外部独立设厂、组建全资子公司等方式，以相对独立自治的组织来开展新流创新，从而实现二元创新。

选择螺旋式和转轨式二元创新路径的企业，追求横向开拓和潜力探索。对于此类企业而言，开展新流创新的动机较强，既希望通过开拓新兴市场，获取经济上的超额回报，更期待由新流创新孵化出新一代技术，推动技术跨越升级，乃至实现"弯道超车"。当组织惯例较弱时，企业的最佳选择就是进行内部组织结构调整，建立无边界高级专家组、技术项目小组、企业技术中心、产学研联合机构、院士工作站等二元组织结构来破解主流创新与新流创新在资源、流程、文化等方面的潜在冲突，推进二元创新稳步开展。当企业发展到一定规模，组织惯例较强时，资本延伸和独立单元战略就成为此类企业的必然选择。

第四节　总　　结

在创新演进加速的背景下，企业根据不同发展阶段的创新倾向，可以沿着顺轨式、螺旋式或转轨式创新路径进行资源配置。相应地，考虑到自身组织惯例的强弱，企业需谨慎选择自我更新、资本延伸或独立单元等匹配战略，从而推动二元创新的顺利演进。不同行业企业二元创新演进的状态和内在关系既有共性又有差异性。共性主要体现为创新演进的基本规律大致相同，即在强化主流创新的同时，企业应积极哺育、催生新流创新，通过主流创新与新流创新的有效互动实现创新升级。差异性则反映在行业特征，技术生命周期，工艺特点等。后续研究亦可开展特定某一行业企业的横向比较，进而为该行业企业二元创新资源配置提供更精准的实践指导。

第二篇
二元创新资源配置实证研究

　　本篇基于面板分析，探索服务型企业（零售业、物流业）创新资源配置对企业绩效的影响，进而为服务型企业创新资源配置及二元创新转型提供思路；同时，运用系统动力学模拟分析手段，以典型制造型企业（HY公司）为例，对创新资源如何在二元创新之间分配以及不同资源配置会产生如何的企业创新绩效进行建模与仿真。基于实证研究的成果有助于深入剖析并揭示二元创新资源配置的内在机理，进一步丰富二元创新资源配置研究的内容和方法。

第四章　二元创新资源配置对零售企业绩效影响的实证研究

创新是所有行业的生命线，不仅是制造业，零售业也不例外。特别是在全球经济下行压力背景下，创新显得尤为重要。创新驱动发展已成为当下经济发展的主旋律，以创新思维不断促进行业转型升级也是零售企业所面临的必由之路。部分零售企业通过调整百货的业态组合、改变卖场商品结构、为超市开通线上 App 等手段，试图实现创新发展，以改变企业发展面临的困境。这些主流创新活动在曾经相对稳定的竞争环境中，为企业不断塑造自身竞争力提供了有效的支撑。然而，随着互联网经济的影响以及新零售时代的到来，围绕主营业务进行细枝末节式改进的主流创新，很难从整体路径上改变零售企业的发展态势。唯有通过调整创新资源配置，不断开展新流创新，寻找新机会、新市场，才能为零售企业发展注入新鲜血液，促进零售企业整体转型升级，实现可持续发展。加大新流创新对零售企业绩效有何影响？二元创新（同时进行主流创新与新流创新）是否优于单一创新（仅开展主流创新）？这些问题的解答有利于为零售企业创新转型发展提供明确的指导。

第一节　文 献 综 述

一、零售创新

自从熊彼特提出"创新"这一概念以来，学术界对此展开了广泛的研究，然而大多聚焦于技术驱动的工业领域，服务领域的创新研究较少。围绕零售创新内涵，学者从不同视角进行解读。李飞通过绘制零售业态创新路线图，从零售营销组合要素视角回答了零售业态创新中"创新什么"的问题[98]。盛亚从技术创新角度，将零售技术创新定义能降低零售企业交易成本的技术创新[99]。胡永铨认为零售创新是零售商抓住市场潜在的盈利机会，重新组合经营条件、要素和组织，从而建立效能更强、效率更高和生产费用更低的生产经营系统的活动过程，特征包括：主体的自主性、过程的持续性、目标的战略性和顾客的参与性[100]。江慧芳从全球价值链视角，将零售创新分为流程工序创新（技术、管理）、商品服务创新（商品、服务、营销）、链环节创新（研发、生产、企业间关系）和多链条创新（业态、产业）[101]。尚卡和亚达夫（Shanka & Yadav）认为零售创新涉及广泛的举措，包括商业模式转型、业态变化以及跨国战略调整等，零售商需要创造性地思考新兴商业模式对主流商业模式的挑战[102]。珀克斯（Perks）等认为对于零售商而言，服务创新战略要区分激进式与渐进式创新、空间创新与时间创新、可分离与不可分离式服务等[103]。胡永铨和刘厚安将零售企业创新活动分为功能体验、知识体验、感官体验以及科技体验，从理论上对零售企业创新活动、顾客体验价值、零售企业创新绩效进行探索性分析，初步构建了基于顾客体验的零售企业创新体系[104]。高俊光和刘旭认为零售企业创新是一项完整和动态的活动，其创新过程沿着知识寻源、创意转化、创新扩散这三个路径和阶段，且每一阶段均具有诸多不同的影响因素[105]。平托等更关注零售企业服务创新，认为零售企业可以采取激进式创新从而培养竞争优势[106]。

综上分析可见，零售创新研究日益增多，然则，对零售创新内在活动阶段的界定则各不相同，包括基于技术视角、服务视角、过程视角、价值链视角、客户体验视角等，看似很丰富，然而却繁杂，诸多研究之间概念多有交叉，给后续研究带来理解上的偏差，也一定程度上导致零售商在实践上无所适从。

二、零售创新与企业绩效的关系

早期研究大多集中于零售业态与企业绩效的关系。霍兰德和卡兰顿（Hollander & Calantone）通过实证研究探讨了业态创新对企业绩效的影响，认为多业态经营公司的销售利润率更低，非相关多元化经营对企业营业利润时负向影响[107]。赵泉午等基于国内零售业64家上市公司，分析了零售业态创新与企业绩效的关系，认为引入新业态三年内对企业绩效有负向影响，单业态经营模式优于多业态经营模式[108]。此后,部分学者开始关注零售创新与绩效的关系。徐健和汪旭晖利用结构方程模型分析了零售企业自主创新能力的影响因素,基于辽宁省 271 家本土零售企业的实证研究,认为自主创新能力对企业绩效有着十分显著的正向影响[109]。江慧芳通过浙江省本土 176 家企业的实证研究,发现零售创新活动对创新绩效有着正向影响,其中链条创新能为零售企业带来最大效益的创新绩效,而商品服务创新带来的创新绩效最弱[101]。赫里斯托夫(Hristov)等通过对 50 多位国际高级零售管理者和行业专业的深入访谈,指出虽然零售商清楚地认识到创新对于惬意绩效的重要作用,但零售创新却拥有一系列独特的行业内涵和衡量方法[110]。张武康等通过案例探索性研究,以大商集团为例,分析零售企业业态创新与企业绩效的相关关系,认为适应外部环境的渐进式和激进式业态创新活动均能够显著提升零售企业短期绩效和长期绩效[111]。刘厚安构建了以体验价值与网络能力为中介变量的零售企业创新对创新绩效影响机制模型,基于浙江零售企业的实证研究,认为创新分别对体验价值、网络能力及企业创新绩效有正向影响关系,即零售企业的创新活动越频繁,顾客体验价值就越好,企业网络能力就越高,企业创新绩效就越好[112]。福恩特斯布拉斯科(Fuentes – Blasco)等从技术创新和营销创新角度探讨体验式创新对零售企业消费者满意度的影响,以 820家杂货、服装、家具、电子商店的客户样本数据为基础,采用结构方程模型方法发现,技术创新在塑造企业形象、提升客户价值和满意度方面比营销创新更重要[113]。

从现有文献发现,学者的研究集中于业态对绩效的影响研究,有关创新与企业绩效的关系研究较少,所采用研究方法包括探索性案例研究、结构方程模型、回归分析等,零售创新与企业绩效之间的关系的大样本面板数据研究相对不足。

综上所述,有关零售创新主流研究包括零售企业创新、零售业态创新及零售模式创新,以案例研究、机理分析为主,对零售创新内涵、方式与路径尚未形成统一认识。本章借用马尔什(March)所提出的开发性主流创新和探索性新流创新概念来区分借助现有知识或创造新知识来实现潜在领域的拓展[114]。基于组织学习视角,主流创新活动涉及利用和改进现有知识,新流创新围绕搜索和发现新知识,二者对零售企业实现可持续发展都至关重要,企业应该应调整资源开展二元创新（同时进行主流创新和新流创新），避免陷入失败陷阱或能力陷阱，从而获得长远的竞争优势。本纳和图什曼（Benner & Tushman）进一步提出按照当前知识/技术轨道的偏离程度和现有客户/市场细分的偏离程度来区分主流创新与新流创新[115]。现有零售创新与企业绩效关系方面的量化研究大多采用结构方程模型，部分面板回归研究则围绕业态创新与企业绩效的关系，局限于营销组合要素方面的狭义视角，无法反映零售企业创新的整体。本章在前述研究基础上，以国内零售业 59 家上市公司 2013 ~ 2017 年的年报数据为样本，利用 Wilcoxon 秩和检验、T 检验和面板分析，探讨国内零售企业开展新流创新以及二元创新与单一创新对企业绩效的影响，据此提出针对性建议来促进零售企业的创新转型升级。

第二节　理论分析与研究假说

结合零售业的行业特点，零售企业的主流创新是建立在现有知识基础上，围绕当前主流业务与现有业态组合，所进行的产品、服务、营销、体验等方面的提升，目的是满足现有市场与客户，类似一种渐进式创新；新流创新是依靠新知识或脱离现有知识，为企业提供新模式、引入新业态、创造新市场、拓展新渠道，目的是迎合正在形成中的市场与客户，是一种激进式核心。主流创新通过对现有价值体系的挖掘、改善、提高，可以在短期内带来回报；新流创新着眼于对未来价值体系的塑造，给企业带来新的盈利和发展机会，这两种创新方式分别从不同方面都影响着零售企业的绩效。

零售企业绩效的划分标准有很多，如长期绩效和短期绩效，财务绩效和运营绩效[109]。部分学者提出从财务、服务、员工、顾客四个角度评价零售企业绩效[116]，也有学者从财务绩效、资产运营、偿债能力、发展能力四个方面选取指标来衡量零售企业绩效[117]。施（Shi）等则认为用托宾 Q 值来衡量零售企业绩效比会计手段更合适[118]。零售企业绩效反映了零售创新活动带来的企业竞争优势的改变，既有短期收益需求，也有长远战略规划。基于此，本章选择财务绩效和市场绩效来衡量企业绩效，财务绩效反映企业短期货币性收益，市场绩效重视长远企业价值。

一、新流创新对零售企业绩效的影响分析

零售企业的主流创新包括了产品线扩充、服务改进和形式变化。例如，在原来业态基础上，建设自有品牌、强化人员服务和持续改善经营。主流创新体现了在当前的知识体系下，零售企业对产品、服务、营销、体验等要素的改善和优化，其绩效产出比较明确。新流创新对零售企业而言，是重大创新，商业模式重构、截然不同业态的导入、全新渠道的形成、新兴市场的开拓等，对原有知识体系、组织结构都是一种挑战，其绩效产出难以预测。

在互联网冲击下，传统零售企业面临着极大的挑战。在新零售、跨界经营思维的影响下，零售企业紧密结合市场需求和行业发展新趋势，立足长远，瞄准新兴模式或者新生市场，开始新流投入，尝试培养更具潜力和成长性的商业模式和市场。例如，永辉超市在生鲜超市主营业务之外，积极探索海淘、彩食鲜、中央厨房、物流金融等新兴模式，目前形成云超、云创、云商、云金四大利润，市值近千亿元，实现了可持续创新发展。百圆裤业于 2014 年收购环球易购，进军跨境电商，并更名为跨境通，此后通过参股多家跨境电商领域优质企业，快速成长为跨境电商龙头企业，成功实现转型。新流创新依托于非主营部门（新项目、子公司、孵化器）等方式，以新理念、新知识、新技术、新渠道，在新商业模式下为企业寻找新的增长点，形成新的价值体系，实现企业市场价值的提升。由此，提出以下研究假设：

H4 - 1：新流创新与市场绩效呈正相关。

零售企业进行新流创新，重构商业模式，需要高层管理者的战略部署，然而，中低层管理者以及普通员工有可能会抵制或抗拒这种变化，源于新流创新对组织原有利益结构、组织层级的挑战。根据方金城和朱斌的研究，企业存在着惯性，在组织结构未能更新适应这种激进式的创新时，组织效率和员工积极性会降低，从而影响其创新产出[119]。多业态的导入，意味着企业多元化的开展，对企业经营能力要求更高，会负面影响企业整体核心竞争力，从而降低经济收益。赵泉午等也认为零售企业导入新业态三年内对企业财务绩效是负向影响[109]。新流创新需要企业进行持续性人力、物力、资金等各类资源投入，却无法快速回笼资金。新开拓的市场需要时间的培养，难以判断消费者对新业态或新模式的认可度是否可持续，其市场收益也无法得到保证。

据此，提出如下研究假设：

H4 – 2：新流创新与财务绩效呈负相关。

二、二元创新对零售企业绩效的影响分析

马尔什（March）指出企业应该同时开展新流创新与主流创新，以保障企业战略目标的实现[114]。开展二元创新，可以让零售企业在稳定开发现有价值体系的过程中，逐步塑造新的价值体系。由新流创新所带来的新思想和新理念，也会增强已有商业模式或主营业务的市场价值。江慧芳发现零售创新活动对创新绩效有着正向影响[101]。她所界定的零售创新活动包含了技术、管理、商品、服务、营销、研发、生产、企业间关系、业态、产业等方面，实质上是同时包含了主流和新流创新；创新绩效采用全球价值链上的价值链地位来衡量，反映的是其持续竞争优势，与本章提出的市场绩效内涵比较一致。然而，成为有能力驾驭二元创新的企业对很多零售企业而言，是一个很有难度的挑战。零售企业开展二元创新的同时，也是在付出一定的经济成本的前提下，搜寻新的发展机会。特别是企业刚刚导入二元创新时，主流创新与新流创新之间如何权衡资源配置，如何对新业务部门进行合理定位等问题会让企业陷入创新困境。一方面，过度倾向新流创新让企业面临较大的财务风险，主要源于新业务部门回报周期较长且不稳定；另一方面，过度主流创新会制约新流创新，造成新兴项目的孵化失败，从而遭受财务损失。因此，提出研究假设如下：

H4 – 3：二元创新与市场绩效呈正相关；

H4 – 4：二元创新与财务绩效呈负相关。

第三节　样本选择与变量设计

一、样本选择

本章的数据全部来源于国泰安数据库和巨潮资讯网披露的零售业上市公司年报。根据证监会行业划分，目前零售业上市公司共87家。在研究企业二元创新时，以公司连续经营5个以上会计年度为准，剔除2013年以后上市的16家公司；此外，再剔除主营业务为汽贸类的、主营业务转换的以及数据不

完整的 12 家公司，共获得有效公司 59 家。

二、变量设计

借鉴赵泉午和施（Shi）等的研究[109,118]，本章将企业绩效分为财务绩效和市场绩效。其中，企业的财务绩效以总资产报酬率 ROA 表示；市场绩效用托宾 Q 来衡量，TOBINQ =（流通股市场价值 + 非流通股市场价值 + 负债账面价值）/总资产账面价值。在探讨新流创新对零售企业绩效影响时，零售企业公司治理结构、资产负债率、规模、研发广告投入、自然年度为控制变量，构建模型一如下：

$$Y_{it} = \sum_{j=0}^{4} \beta_j AI_j + \beta_5 BHR_{it} + \beta_6 DBR_{it} + \beta_7 SIZE_{it} + \beta_8 RAF_{it} + \beta_9 T + c + \varepsilon_{it}$$

$$(4-1)$$

其中，i 表示企业标识，t 表示 2013 ~ 2017 年各个自然度，Y_{it} 表示企业绩效。AI_j 为虚拟变量，表示企业是否开展新流创新，j 等于 0、1、2、3、4，分别表示 2013 年、2014 年、2015 年、2016 年、2017 年。如果 t 年度刚好是事件年度 j，则 AI_j 为 1，否则 AI_j 为 0。BHR_{it} 是公司治理结构，用大股东持股比例来表示。DBR_{it} 表示企业资产负债率。SIZ_{it} 为企业规模，用期末资产的自然对数表示。RAF_{it} 是企业的研发广告投入，用无形资产占期末资产的比重来表示。T 代表自然年度，分别赋值 1、2、3、4、5，分别表示 2013 年、2014 年、2015 年、2016 年、2017 年自然年度，T 的引入主要是为了规避外部技术、经济环境对企业绩效的影响。$\beta_0 \sim \beta_9$ 为系数，c 为常数，ε_{it} 为扰动项。

分析二元创新与单一创新对企业绩效影响的差异时，本章认为两种情景下，企业都处于同样的技术、经济环境，自然年度的影响可以忽略。构建模型二如下：

$$Y_{it} = \sum_{j=0}^{4} \beta_j DT_j + \beta_5 BI + \beta_6 BHR_{it} + \beta_7 DBR_{it} + \beta_8 SIZE_{it} + \beta_9 RAF_{it} + c + \varepsilon_{it}$$

$$(4-2)$$

其中，i 表示企业标识，t 表示 2013 ~ 2017 年各个自然度，Y_{it} 表示企业绩效。DT_j 代表时间效应，j 赋值 0、1、2、3、4 分别表示 2013 年、2014 年、2015 年、2016 年、2017 年自然年度，主要体现了创新绩效的时间滞后性。BI

为虚拟变量，如果企业开展二元创新，则 BI 为 1，否则 BI 为 0。BHR_{it} 是公司治理结构，用大股东持股比例来表示。DBR_{it} 表示企业资产负债率；SIZ_{it} 为企业规模，用期末资产的自然对数表示。RAF_{it} 是企业的研发广告投入，用无形资产占期末资产的比重来表示。$\beta_0 \sim \beta_9$ 为系数，c 为常数，ε_{it} 为扰动项。

第四节　实证结果与讨论

一、新流创新对企业绩效的影响

为了避免多重共线性，需要在回归分析前对模型一的变量进行 Pearson 相关性检验。从表 4-1 可知，本章所研究的市场绩效（$TOBINQ$）与关键变量新流创新（$AI1$、$AI2$）的相关关系在 1% 水平上显著相关，控制变量规模（$SIZE$）和自然年度（T）也存在较为显著的关系；财务绩效（ROA）与关键变量新流创新（$AI0$、$AI1$）的相关关系在 1% 水平上显著相关，与控制变量研发广告投入（RAF）在 1% 水平显著，在一定程度上为本章假设新流创新与企业绩效之间可能存在某种联系提供了支持。由于 Pearson 相关系数所反映的双变量之间的相关关系往往混合了其他变量的影响，此时计算出的 Pearson 相关系数可能并不能真正反映两个变量之间的关系。因此，需要对新流创新与企业绩效的关系做进一步分析。

表 4-1　　　　　　　　　　Pearson 相关系数

变量	TOBINQ	ROA	AI0	AI1	AI2	AI3	AI4	BHR	DBR	SIZE	RAF	T
TOBINQ	1											
ROA	0.125 **	1										
AI0	0.0810	0.162 ***	1									
AI1	0.273 ***	0.177 ***	0.612 ***	1								
AI2	0.155 ***	-0.0670	0.199 ***	0.483 ***	1							
AI3	0.0790	-0.0100	0.0560	0.327 ***	0.850 ***	1						
AI4	-0.00400	0.0200	-0.00900	0.167 ***	0.686 ***	0.867 ***	1					
BHR	0.00100	0.0260	0.110 *	0.115 **	-0.0420	-0.0230	-0.0320	1				
DBR	-0.0760	0.0650	-0.0530	-0.0670	0.0860	0.0550	0.0360	-0.186 ***	1			

续表

变量	TOBINQ	ROA	AI0	AI1	AI2	AI3	AI4	BHR	DBR	SIZE	RAF	T
SIZE	-0.547***	0.0640	0.0240	-0.0680	0.0680	0.0750	0.0710	-0.0570	0.149**	1		
RAF	-0.0240	0.187***	0.0200	-0.0360	-0.119**	-0.0680	-0.0430	-0.123**	-0.0880	0.0460	1	
T	0.132**	-0.0430	0	0.249***	0.548***	0.603***	0.519***	-0.0390	0.00500	0.120**	0	1

注：*** $p < 0.01$，** $p < 0.05$，* $p < 0.1$。

在可接受范围之内，根据经验判断变量间不存在强的相关性，可进一步做回归分析。考虑到企业创新具有延迟现象，即 t 年度的新流创新，不仅会影响 t 年度的企业绩效，也会影响 $t+1$ 年度（甚至更多年度）的企业绩效，因此，在回归分析的时候，也要将创新绩效延迟效应考虑进去，此处通过对 AI 值的设置来实现这种延迟效应。例如，t 年度刚好是事件年度 j，AI_j 为 1，如果延迟效应为 1 年，则 $t+1$ 年度，AI_j 也为 1，$t+2$、$t+3$、$t+4$ 年度，AI_j 为 0；延迟效应为 2 年，则 $t+1$、$t+2$ 年度，AI_j 为 1，$t+3$、$t+4$ 年度，AI_j 为 0。以此类推，回归结果分别记为 DELAY1、DELAY2、DELAY3 和 DELAY4。

变截距模型存在固定效应（FE）和随机效应（RE）两种估计方法。根据 Hausman 检验，除了 ROA 在 DELAY1 和 DELAY2 时采取固定效应估计，其余均采取随机效应估计方法，具体实证结果如表 4-2 所示：（1）延迟效应为 1 年时（DELAY1），零售企业开展新流创新两年后对市场绩效（TOBINQ）在 1% 的显著性水平上有正向影响；开展新流创新在当年对财务绩效（ROA）在 5% 的显著水平上有正向影响。（2）延迟效应为 2 年时（DELAY2），零售企业开展新流创新两年后对市场绩效（TOBINQ）在 1% 的显著性水平上有正向影响，四年后对市场绩效（TOBINQ）在 5% 的显著性水平上有负向影响；开展新流创新当年对财务绩效（ROA）在 5% 的显著水平上有正向影响。（3）延迟效应为 3 年时（DELAY3），零售企业开展新流创新两年后对市场绩效（TOBINQ）在 1% 的显著性水平上有正向影响，四年后对市场绩效（TO-BINQ）在 1% 的显著性水平上有负向影响；开展新流创新当年、1 年后、4 年后对财务绩效（ROA）分别在 5%、5% 和 10% 的显著水平上有正向影响。（4）延迟效应为 4 年时（DELAY4），零售企业开展新流创新两年后对市场绩效（TOBINQ）在 1% 的显著性水平上有正向影响，四年后对市场绩效（TO-BINQ）在 1% 的显著性水平上有负向影响；开展新流创新 1 年后对财务绩效

（ROA）在10%的显著水平上有正向影响。

表 4 - 2　　　　　　零售企业开展新流创新后绩效变化的面板分析

变量	DELAY1		DELAY2		DELAY3		DELAY4	
	TOBINQ	ROA	TOBINQ	ROA	TOBINQ	ROA	TOBINQ	ROA
AI0	0.255	1.783**	0.144	1.902**	-0.126	1.756**	-0.0853	1.416
	(0.160)	(0.793)	(0.150)	(0.859)	(0.141)	(0.769)	(0.325)	(1.340)
AI1	0.280	-0.250	0.198	-0.223	0.268	1.179**	0.272	1.076*
	(0.173)	(0.591)	(0.220)	(0.609)	(0.203)	(0.586)	(0.226)	(0.563)
AI2	0.674***	0.472	0.612***	0.196	0.593***	-0.599	0.594***	-0.607
	(0.250)	(0.512)	(0.227)	(0.503)	(0.225)	(0.516)	(0.225)	(0.517)
AI3	-0.0170	-0.141	-0.100	0.343	-0.125	-0.0684	-0.126	-0.0574
	(0.255)	(0.616)	(0.260)	(0.644)	(0.238)	(0.544)	(0.238)	(0.543)
AI4	-0.0129	1.158	-0.485**	0.711	-0.590***	1.251*	-0.558***	0.803
	(0.273)	(0.769)	(0.202)	(0.584)	(0.168)	(0.689)	(0.161)	(0.601)
BHR	-0.00520	-0.0342	-0.00394	-0.0340	-0.00311	-0.00975	-0.00323	-0.00837
	(0.00488)	(0.0437)	(0.00454)	(0.0434)	(0.00451)	(0.0244)	(0.00445)	(0.0242)
DBR	-0.00736	-0.655***	-0.00634	-0.669***	-0.00521	0.0276	-0.00532	0.0298
	(0.00485)	(0.114)	(0.00462)	(0.120)	(0.00447)	(0.0204)	(0.00451)	(0.0208)
SIZE	-0.526***	0.360	-0.535***	0.352	-0.533***	0.248	-0.534***	0.252
	(0.0908)	(0.915)	(0.0924)	(0.910)	(0.0918)	(0.351)	(0.0916)	(0.354)
RAF	1.213	15.11	1.369	15.00	1.536	16.21	1.524	16.32
	(1.363)	(19.34)	(1.347)	(19.29)	(1.371)	(10.73)	(1.368)	(10.70)
T	0.135***	-0.214	0.138***	-0.238	0.133***	-0.204	0.133***	-0.200
	(0.0273)	(0.227)	(0.0292)	(0.224)	(0.0289)	(0.183)	(0.0288)	(0.185)
c	7.976***	2.401	8.069***	2.509	8.047***	1.881	8.050***	1.839
	(1.182)	(11.78)	(1.198)	(11.74)	(1.191)	(4.608)	(1.191)	(4.621)

注：括号内为标准差；***p<0.01，**p<0.05，*p<0.1。

控制变量大股东持股（BHR）对市场绩效（TOBINQ）与财务绩效（ROA）的影响均不显著；DELAY1 和 DELAY2 时，资产负债率（DBR）与财务绩效（ROA）在1%显著性水平上负相关；企业规模（SIZE）与市场绩效（TOBINQ）在1%显著性水平上负相关，对财务绩效（ROA）影响不显著；研发广告投入（*RAF*）对企业绩效影响也不显著；自然年度（*T*）对市场绩效（*TOBINQ*）在 1% 显著性水平上有正向影响，对财务绩效（*ROA*）影响不显著。

综上，零售企业开展新流创新后，市场绩效获得提升，与研究假设 H4 – 1 相同，主要在于新零售背景下，企业更能体会到转型发展的压力，消费升级促进零售端的供给侧改革，互联网、物联网、人工智能、大数据、云计算等新兴技术不断融入零售业，跨界思维也在不断渗透其中，新流创新的广度和深度得到进一步拓展，零售企业获取更多开拓新市场、寻找新的定位，从整体上提升企业的市场价值。财务绩效也获得增长，与研究假设 H4 – 2 相反。究其原因，尽管新流创新具有一定的滞后效应，但随着创新加速，新业态、新场景、新服务不断加快推出，消费者对新零售认知日益深刻，新市场孵化周期缩短，再加上零售企业对供应链金融的普遍重视，财务业绩因而上升。

二、二元创新与单一创新的绩效差异

本章研究样本为 2013～2017 年 59 家零售业上市公司财务数据，属于"宽而短"的数据，因此本章采用非平衡面板数据变截距模型对模型二进行回归分析。将二元创新（同时开展新流和主流创新）零售企业与单一创新（只进行主流创新）零售企业进行分组，并开展 T 检验，如表 4 – 3 所示：两者市场绩效（*TOBINQ*）均值和中值均在 1% 显著水平上存在差异，二元创新零售企业的市场绩效（*TOBINQ*）明显优于单一创新的零售企业。从数据上看，二元创新零售企业在财务绩效（*ROA*）的中值和均值上优于单一创新零售企业，但两者财务绩效（*ROA*）均值和中值 T 检验差异不显著。

表 4 – 3 　　　　　　　　　　均值和中值 T 检验

	TOBINQ		*ROA*	
	中值	均值	中值	均值
二元创新	1.6111	1.1572	5.5843	5.42
单一创新	1.1076	0.8662	5.1687	4.96
全部样本	1.415 ***	1.0397 ***	5.4223	5.22

同样地，进行面板分析时，也要将创新绩效延迟效应考虑进去，此处通

过对 DT_j 值的设置来实现这种延迟效应。例如，t 年度刚好是事件年度 j，DT_j 为 1，如果延迟效应为 1 年，则 $t+1$ 年度，DT_j 也等于 1，$t+2$、$t+3$、$t+4$ 年度，DT_j 为 0；延迟效应为 2 年，则 $t+1$、$t+2$ 年度，DT_j 为 1，$t+3$、$t+4$ 年度，DT_j 为 0。以此类推，回归结果分别记为 DL1、DL2、DL3 和 DL4。根据 Hausman 检验，除了 ROA 在 DL1 和 DL2 时采取固定效应估计，其余均采取随机效应估计方法，具体实证结果如表 4-4 所示：（1）二元创新在 DL1、DL2、DL3 和 DL4 情形下，分别在 5%、5%、1% 和 1% 显著性水平上对企业市场绩效（TOBINQ）有正向影响；（2）二元创新在 DL1 和 DL2 情形下，分别在 1% 和 10% 显著性水平上对企业财务绩效（ROA）有负向影响，在 DL3 和 DL4 情形下有负向影响，但不显著。控制变量大股东持股（BHR）对市场绩效（TOBINQ）与财务绩效（ROA）的影响均不显著；DL2、DL3 和 DL4 时，资产负债率（DBR）与市场绩效（TOBINQ）在 5% 显著性水平上负相关；DL1 和 DL2 时，资产负债率（DBR）与财务绩效（ROA）在 1% 显著性水平上负相关；企业规模（SIZE）与市场绩效（TOBINQ）在 1% 显著性水平上负相关，对财务绩效（ROA）影响不显著；DL3 和 DL4 时，研发广告投入（RAF）与财务绩效（ROA）在 5% 显著性水平上正相关。

表 4-4　　　　　　　二元创新与主流创新绩效面板分析

变量	DL1		DL2		DL3		DL4	
	TOBINQ	ROA	TOBINQ	ROA	TOBINQ	ROA	TOBINQ	ROA
DT0	-0.276	3.571***	-0.344**	2.756***	-0.576**	2.250**	-0.520	1.786
	(0.278)	(0.906)	(0.169)	(1.016)	(0.231)	(0.964)	(0.355)	(1.268)
DT1	0.133	0.390	0.150	-0.138	0.323*	1.089	0.379*	0.928
	(0.174)	(0.581)	(0.227)	(0.609)	(0.195)	(0.701)	(0.213)	(0.752)
DT2	0.406*	1.740***	0.455*	0.517	0.395	-0.458	0.445*	-0.674
	(0.217)	(0.574)	(0.247)	(0.496)	(0.250)	(0.661)	(0.244)	(0.656)
DT3	-0.0317	0.308	-0.198	0.567	-0.121	-0.150	-0.102	-0.230
	(0.167)	(0.667)	(0.215)	(0.738)	(0.203)	(0.616)	(0.207)	(0.619)
DT4	-0.117	2.080***	-0.391*	0.571	-0.597***	1.198*	-0.447***	0.609
	(0.232)	(0.666)	(0.206)	(0.592)	(0.188)	(0.666)	(0.153)	(0.619)

变量	DL1		DL2		DL3		DL4	
	TOBINQ	*ROA*	*TOBINQ*	*ROA*	*TOBINQ*	*ROA*	*TOBINQ*	*ROA*
BI	0.563 **	− 2. 149 ***	0.634 **	− 1. 261 *	0.676 ***	− 0. 702	0.571 **	− 0. 260
	(0.241)	(0.707)	(0.288)	(0.652)	(0.259)	(0.689)	(0.226)	(0.651)
BHR	− 0.00630	− 0. 0300	− 0.00567	− 0. 0299	− 0.00540	− 0. 00718	− 0.00523	− 0. 00728
	(0.00525)	(0.0451)	(0.00502)	(0.0452)	(0.00484)	(0.0234)	(0.00484)	(0.0235)
DBR	− 0.0108	− 0. 632 ***	− 0.0112 **	− 0. 629 ***	− 0.0107 **	0.0347	− 0. 0108 **	0.0356
	(0.0143)	(0.116)	(0.00505)	(0.118)	(0.00500)	(0.0643)	(0.00498)	(0.0644)
SIZE	− 0.472 ***	0.0715	− 0. 473 ***	0.0451	− 0. 467 ***	0.157	− 0. 471 ***	0.172
	(0.0771)	(0.757)	(0.0883)	(0.762)	(0.0868)	(0.344)	(0.0871)	(0.345)
RAF	1.479	15.15	1. 573	14. 38	1. 639	15. 86 **	1. 697	15. 65 **
	(1.684)	(18.61)	(1.292)	(18.49)	(1.289)	(7.493)	(1.279)	(7.527)
c	7.575 ***	5.666	7. 556 ***	6.014	7. 468 ***	2. 640	7. 521 ***	2.448
	(1.055)	(10.00)	(1.185)	(10.09)	(1.169)	(4.711)	(1.174)	(4.723)

注：括号内为标准差；*** $p < 0.01$，** $p < 0.05$，* $p < 0.1$。

总之，零售企业开展二元创新，有利于提升市场业绩，提高企业市场价值，与研究假设 H4 - 3 一致。也与江慧芳、刘厚安等人的结论大致相同[101,112]。在考虑延迟效应 1 年和 2 年时，零售企业开展二元创新，在一定程度上会影响企业的财务表现，降低财务绩效，与研究假设 H4 - 4 一致。但是考虑到上一年度对本年度财务绩效的修正效应，所以，开展二元创新当年并不一定会导致财务绩效下滑，但 1 年或 2 年后，不同企业二元创新的成效各不相同，当延迟效应为 3 年和 4 年时，二元创新对企业财务绩效的负向影响就不再显著了。从公司治理角度，大股东持股比例越高，二元创新零售企业绩效越低，但不显著。可能在于大股东持股比例所反映的公司治理结构，并不直接作用于企业绩效，更多通过企业经营行为决策，例如是否导入创新、开展何种形式创新等，间接影响企业企业绩效，因此，回归结果也比较符合实际情况。二元创新情形下，资产负债率越高，企业决策越容易受外部影响，更加重视短期回报，降低二元创新积极性，导致二元创新绩效降低。企业规模越大，组织内部变革和调整难度越大，对企业构建全新价值体系的阻碍就越大。零售企业一般不重视研发广告投入，很大程度上在于研发广告投入的长期性并且其效果难以评估。

第五节　对策建议

一、转变战略思维，积极开展新流创新

零售企业的核心竞争力是动态变化的，企业只有不断创新，才能保持其竞争优势。在技术、经济环境趋于动态的时代背景下，主流创新不足以保障企业的可持续性发展，唯有新流创新才能零售企业带来持续竞争力。传统零售企业可以在扎根本土业务的同时，响应国家"一带一路"倡议，拓展跨境零售业务，如步步高"云猴海外购"、南宁百货"特色店+跨境电商"、跨境通的"环球易购"和"帕拓逊"等；基于核心零售，探寻在物流、金融、娱乐、广告等新市场中寻找机会，如东方集团大力拓展物流仓储业务、武商集团打造梦时代主题公园、宏图高科新增艺术拍卖业务等；也可以在跨界融合思维下，推进业态创新，尝试微超、云店、"零售+"等不同新兴业态，如永辉"超级物种"、步步高"鲜食主义"、新华都"海物会"、北京城乡"创业+服务+生活"老年用品展示中心等。基于互联网经济的蓬勃发展，"大数据平台+商品+服务+金融"、红旗连锁"互联网+连锁+金融"等商业模式也是值得零售企业探索的新方向。

二、合理配置资源，平衡二元创新

开展二元创新，困难之处在于如何将有限的创新资源合理分配给新流创新与主流创新，其中如何给新流项目合理定位是二元创新的关键。零售企业可以根据自身资源禀赋，准确定位新流业务部门：第一，强化型二元创新，当原有业务模式比较成熟且市场短期内不会有太多变化时，零售企业纵向拓展产业链，相关新流创新项目大多围绕零售业务或现有竞争优势，此时，主流创新资源配置大于新流创新资源；第二，互补型二元创新，当原有市场竞争加剧、主营业务增长放缓时，零售企业需要多方位搜索新机会，借助新技术、新思维，拓展新市场与新渠道，实现多元发展，此时，二元创新资源配置相当；第三，更替型二元创新，当原有主营业务竞争过度且市场急剧变化时，企业需要开展立体式探索，甚至进行跨行业经营，实现融合跨界发展，

此时，新流创新资源配置大于主流创新资源。

三、变革组织结构，适应二元创新

二元创新对零售企业不仅是战略转变，也是一场深刻的组织变革。由于企业总是倾向于把资源用于满足现有主营业务、主流客户的需求，并侵占用于新流创新的资源，再加上新流创新的资源、流程、价值评判标准与原有主流创新存在矛盾。奥莱利和图什曼（O'Reilly & Tushman）建议设立不同部门分别进行新流创新与利用性创新则可避免两者的矛盾及对资源的争夺[120]。当零售企业发现很难通过改组企业结构来推进内部二元创新时，从企业外部建立一个独立自治的组织来开展新流创新就成了一条有效的解决途径。值得注意的是，这种独立和自治主要是指流程、成本结构、价值评价的独立，而不仅仅是指地理上或所有权上的独立。对于在位零售企业，可以调整组织权力结构，设立创新战略投资平台，保持与新创企业的联系网络，等新兴市场即将成熟时，可以采取风险投资、战略联盟或持有股份等方式收购该新创企业。凭借资源、权力、渠道等优势，在位零售企业变革组织结构，通过资本运作进行新流创新，进而实现创新升级，保持持久的竞争优势。

第六节　总　　结

本章通过 Wilcoxon 秩和检验、T 检验和面板分析，研究国内零售业 59 家上市公司 2013～2017 年开展新流创新以及二元创新与单一创新对企业绩效的影响，弥补了零售业创新与企业绩效大样本实证研究方面的缺失。研究发现，新流创新在开展两年后对市场绩效有正向影响，在当年对财务绩效有正向影响，后期影响不显著；二元创新整体上对市场绩效有正向影响，对财务绩效有负向影响。考虑延迟效应，二元创新当年对市场绩效有负向影响，后续年度对市场绩效有正向影响；在前 2 年对财务绩效有正向影响，后期影响不显著。因此，零售企业在开展新流创新时，应考虑外部经济环境、技术发展、竞争态势等各方面因素，结合企业自身创新资源禀赋，择机开展新流创新，实行二元创新。

本章研究也存在一定不足。数据上，本章选择国内上市公司，并要求企业连续经营 5 年以上，缺乏在境外上市公司的数据，同时还有不少优秀零售企业并未选择上市，或者上市后经营年限过短，都在一定程度上影响了研究结论。同时，本章研究对象大多为传统零售企业，新兴零售企业、纯互联网零售企业和全渠道零售企业日益成为一种发展趋势，二元创新对此类企业绩效的影响更为显著，也是一个值得探讨的方向。总之，分析零售企业如何通过二元创新，引入更多颠覆性创新元素，如何影响消费者决策，如何帮助企业更好转型、获得可持续发展等，需要学者们的更多关注。

第五章 二元创新资源配置对物流企业绩效影响的实证研究

随着经济全球化的影响日益扩大，我国企业面临的市场竞争和行业挑战越来越激烈，同时企业自身的高新技术、市场等优势可能会被同行业的竞争者所复制或模仿，因此企业为了持续稳定永续的发展则需要持续不断地进行创新。以奥莱利和图什曼等学者提倡企业进行二元创新，包括对企业现有能力与资源进行开发的主流创新和构建企业全新能力与资源体系的新流创新[120]。过去许多企业通过产品、服务与技术的革新来获取市场竞争力，延长企业寿命，但在"互联网＋"时代到来之后，仅进行开发性主流创新已经无法满足企业快速发展的需要，如物流行业的智慧物流、云仓储、供应链数字化等概念出现后，部分物流企业已经引入了新的业态和商业模式（即新流创新）。为此，只有不断调整创新资源配置，探索新流创新，寻找新市场、抓住新机遇、激发新活力，才能使物流企业"永葆青春"，实现可持续发展。本章主要探究物流企业开展二元创新（同时进行主流创新和新流创新）对企业绩效的影响，旨在为物流企业创新转型发展提供依据。

第一节 文 献 综 述

一、企业创新

目前，大多数的学者和专家主要集中在技术驱动下的创新领域方面研究。随着全球经济一体化的深入发展，物流行业作为全球贸易的关键枢纽，对创新的需求也是刻不容缓。

物流创新是指物流行业在发展过程中，在制度、技术、服务、商业模式等不同层面和领域进行的对传统物流格局的全面改造和提升。刘玲从共享经济的视角出发，认为应整合利用物流业的过剩产能，建立众包物流模式及发展共享机制，充分利用大数据和云计算发展移动互联服务，改善政府监管体系及加快物流业信用体系建设[121]。胡月阳和李艳通过对供应链协同下的物流企业模式创新研究，指出物流企业在优化供应链时应选择合适的合作伙伴，构建一体化信息平台，同时深化信息技术应用，多方共同完善供应链协同机制[122]。徐全红、丁文辉和陈超逸以京津冀地区为例，认为物流产业模式创新应搭建互联网物流信息共享管理平台，建立"互联网＋"物流人才机制，统一行业标准，加快行业技术创新[123]。罗本成通过借鉴鹿特丹智慧港口发展模式提出了以数字化、网络化、智能化等技术创新为基础，以服务创新为核心的数据服务创新模式，突出资源的开放和共享，实现从"线"上创新到"网络"创新转变[124]。刘长俭认为可以从三个维度对港口企业进行创新，分别是产业链延伸创新、服务功能拓展创新，协同发展创新，并以天津港为例进行详细的路径阐述[125]。

综上所述，学者们主要的研究方向是创新模式和创新方向，但大部分只停留在宏观层面，没有一个完善的理论体系，并且物流研究的创新知识相对较少[126]，很少有研究涉及物流企业的创新。对于物流行业来说，仍存在不少的薄弱之处，需要注入更多创新研究来推动发展。

二、企业创新与绩效的关系

企业绩效是衡量一家企业现阶段运营情况与企业战略是否符合市场规律的重要评判标准，企业绩效越好，竞争性就越强。目前对企业业态创新和绩效关系的研究以制造业主，在物流业领域关于这方面的研究则相对较少。近些年随着物流行业的迅速发展，部分学者开始研究物流创新与绩效的关系。

王坤和骆温平选取合适的物流创新文献进行评价分析得出国外学者在物流创新的基础理论和不同研究视角下已经形成一个较完善的体系，总结得出中国物流创新在物流服务创新及创新管理方面有待深入探究[127]。韩晶晶和王利以镇江市 475 名物流行业从事者的调查为样本，通过实证研究得出物流企业可以通过各方面的创新促进企业绩效提升[128]。王利、马胜铭和李莹通过研究证实了商业模式创新的动态环境对企业绩效存在正向影响，无论是内部环境还是外部环境，对成熟企业和初创企业都有不同程度的影响[129]。刘伯超从创新过程绩效与创新产出绩效两大视角下，构建"互联网＋"形态下物流园区创新绩效评价指标体，运用 AHP 法对常州市奔牛港物流园区创新绩效水平进行实证研究，得出其合理性[130]。

张慧通过对 883 家新创企业进行调查研究，从市场绩效和财务绩效的角度来看，二元创新对新创企业的绩效均有明显的积极促进作用，而二元创新之间的平衡对新创企业绩效的促进作用没有相关性[131]。易霖从知识管理的视角，构建结构方程模型及 BP 人工神经网络对组织二元创新绩效进行评价。他还收集了用于分析二元组织是否获得更高财务业绩的定量数据，得出二元创新与企业绩效正相关[132]。刘金星认为二元创新需要不同的企业相关因素，而且会对企业的市场适应性和相关市场、财务绩效具有不同的影响[133]。韩（Han）等人研究发现，企业二元创新程度越高，企业的市场绩效和财务绩效就越高[134]。孟古克和奥赫（Menguc & Auh）认为二元创新需要付出大量的成本去协调，需要不同的组织文化和管理结构，因此，企业二元创新可能给企业的市场和财务绩效带来负向影响[135]。

综上所述，从商业模式创新、服务创新的研究角度居多，有关物流企业创新与企业绩效关系的研究多以实验或案例来论证。现有文献中物流行业对于如何提升企业绩效的研究也有很多，但国内创新研究方面较为薄弱，立足于创新这一角度的有关企业绩效的研究相对来说较少，大部分都是针对各种战略模式和各种类型的物流企业的绩效研究，针对整个物流行业创新的研究则稍显不足，且多为创新的普遍性研究。

第二节　理论分析与研究假设

物流企业是属于交通运输行业的重要组成部分，具有较高的实操性。作为基础性行业，物流企业的经营对上下游企业都会产生巨大影响，因此对其创新模式的分析具有深远的意义。

企业的主流创新是指在现有知识的基础上，围绕当前企业的主营业务、服务、技术、产品、包装等进行创新升级，其目标是巩固和满足当前已有市场和客户的需求，具有较高稳定性的特点并且有利于短期绩效的提高，是一种小幅度的渐进式创新。通过整理相关文献资料发现，大多数学者研究的物流企业创新类型都属于主流创新，例如上文所提到物流企业中的管理创新、服务创新、产业创新和技术创新以及港口企业中的联盟创新、经营模式创新、产品品牌创新、基础建设创新和运营机制创新等。

新流创新是突破现有的知识基础，通过开拓新渠道、挖掘新市场，给企业输入全新的知识，提高新产品开发效率，实现新的增长点，以期提高企业适应未来环境变化的能力，这是一种激进式的大幅度的创新。国内的学者对新流创新的研究则只是凤毛麟角，例如在港口企业研究方面最早提出的破坏性创新理念、业态创新、企业网络能力创新和物流企业方面所提到的供应链创新和商业模式创新等。

主流创新短期来看发展相对稳定，给企业带来的变化小，收益小；新流创新需要长期投资，风险更大，同时给企业带来的变化大，收益也大。这两种创新方式虽然从不同的角度和方面对物流企业的绩效产生着不同的影响，但是平衡与协调好主流创新和新流创新却能保持物流行业经营效率的同时增强企业的柔性，也能提高物流行业对动态环境的适应能力。因此，从理论上来说主流创新与新流创新在企业经营过程中是可以共存的，二者之间虽然存在一定的矛盾，但只要控制得当，维持好资源的相对平衡，企业完全可以存在不同的创新活动。

企业绩效分为市场绩效、财务绩效、客户绩效、内部流程绩效、学习创新绩效等。另外一些学者通过数据包络分析法（DEA）从流通股价格高低、资产结构、资产运营、成本高低、现金流量等方面选取指标来衡量企业绩效[136]。

企业绩效能够反映企业通过不同的创新模式途径达到对企业各方面竞争能力的优化，既体现在短期业务收益方面，也体现在长期稳定发展上。基于主流创新和新流创新的特点，财务绩效可以反映企业短期货币性收益，而市场绩效更能体现企业长远发展的价值水平，因此本章选择财务绩效和市场绩效来衡量物流企业的绩效。

一、新流创新对物流企业绩效的影响

新流创新意味着企业的商业模式，经营结构，供销渠道等都有可能发生变化，企业会为此承担更大的风险，也可能获得更丰厚的回报，而这些都会直接体现在企业的绩效上。对于物流企业来说，从 20 世纪 70 年代到现在，从传统物流企业到现代物流企业，中国物流企业一直在不断地成长和创新，这其中自然是少不了重大的行业转型和行业变革，即存在新流创新。新流创新包括在供应链物流、绿色物流、智慧物流等新的物流领域的创新。对于物流企业来说，需要结合互联网技术、多业态经营模式思维以及当前市场需求和行业的最新发展趋势，以长远持续发展为目标，积极开拓新兴市场及全新模式，尝试使用新流创新发掘潜力市场和业态模式。例如，河北港口集团通过重构企业的商业模式，通过打造煤炭品牌化产品以及培育物流金融业务，突破了原有业态，开拓新的市场。新流创新提供的新的驱动力包括以新思维、新技术、新知识、新服务，从而提升企业市场效益。而企业创新的实质是为了适应消费者的需求，适应市场，从而提高企业绩效，因此，新流创新与市场绩效之间应该存在某种关系，新流创新会对物流企业的市场绩效起促进作用。

H5－1：新流创新与市场绩效存在正相关。

在物流行业的发展过程中，也有许多企业因为不适应市场，竞争力弱，导致资金链断裂而破产。新流创新因为其前瞻性和大跨度，各种方案的实施会对企业的资金带来很大的负担，而一旦初始阶段的市场反响并不强烈，企业内部各层级也会出现矛盾与分歧，内忧外患之下，企业的创新计划会举步维艰，以至于跌倒在新流创新的第一步。例如，飞马国际曾经名列中国 500 强，因为管理不严、管理层决策失误，市值大幅蒸发。而物流企业进行新流创新需要尝试多业态经营模式，这种重构经营模式的战略规划对中低层管理者以及员工提出了更高的知识技术水平要求，如信息化技术知识、金融知识等。因此员工的积极性会大打折扣，压力也会增加，从而影响企业绩效。物流企业尝试多业态经营模式，虽然业务收入来源多元化，但对资金基础和企业抗风险能力的要求也大大提高了[136]。同时，新业务的开发会分散管理者的经营精力，从而导致主营业务增长率在短期呈现下滑趋势。所以，探索型创新在初始阶段可能会对物流企业的财务绩效产生负面影响。

H5－2：新流创新与财务绩效存在负相关。

二、二元创新对物流企业绩效的影响

主流创新是对企业已有的产品、服务进行改进和升级，有利于企业以低经营风险和运营成本收获稳定的短期收益，而新流创新是一种长远的企业战略投资，追求高风险和高回报，毕竟新流创新是要脱离现有的基础进行创新，更有困难。易霖[132]通过一系列的评价方法以及实地调研得出企业应该同时进行主流创新和新流创新即进行二元创新，使得企业绩效提升目标得以实现。二元创新综合了主流创新和新流创新的各自特点，如果能够对两种创新的平衡进行合理掌控，既提高了创新所带来的回报，同时又把风险控制在安全范围内，对于提升企业的竞争性，继而提升企业的市场绩效将存在一定的帮助。实际上二元创新行为已经存在于大部分行业的创新实践中，企业通过投资控股、与大学及科研院所合作、情境管理等，在利用已有核心技术开发新产品满足已有客户需求的同时，积极探索新技术领域、开发新产品以及开拓新市场领域。但是，二元创新对企业的资金基础以及抗风险能力的要求还是非常的高。企业在刚实施二元创新时，如何平衡主流创新和新流创新的资金和精力的投入是至关重要的。一方面，过度地对新流创新进行投入可能会导致企业的资金链变得更加紧张，面临更大的财务风险，影响主营业务的收益。另一方面，把资金和精力过度地投入主流创新中去可能会制约新流创新，从而使新市场项目投入畸形，导致企业财务绩效下滑。因此，可以提出以下两种假设：

H5－3：企业二元创新与市场绩效呈正相关。

H5－4：企业二元创新与财务绩效呈负相关。

第三节　样本选择与变量设计

一、样本选择

本章数据均源于巨潮资讯网、新浪财经和国泰安数据库披露的中国物流行业上市公司年报。根据申万行业分类，物流行业上市公司共62家。以连续经营4个以上会计年度为准，剔除2015年1月30日之后上市的24家企业，共获得有效样本企业36家。

二、变量设计

企业绩效主要分为市场绩效、财务绩效、运作绩效、组织绩效等类型。本章借鉴前人研究，将企业绩效分为市场绩效和财务绩效，分别用 $TOBINQ$ 和资产报酬率 ROA 表示，$TOBINQ$ =（年末总股本×年末股价）/总资产账面价值。同时选取大股东股权、资产负债率、规模、研发投入和自然年度等数据作为控制变量，构建模型一、模型二如下：

$$Y_{it} = \sum_{j=0}^{3} \alpha_j MI_j + \alpha_4 MS_{it} + \alpha_5 DAR_{it} + \alpha_6 ES_{it} + \alpha_7 RD_{it} + \alpha_8 T + c + \varepsilon_{it}$$

$$(5-1)$$

$$Y_{it} = \sum_{j=0}^{3} \alpha_j DT_j + \alpha_4 MS_{it} + \alpha_5 DAR_{it} + \alpha_6 ES_{it} + \alpha_7 RD_{it} + \alpha_8 NI + c + \varepsilon_{it}$$

$$(5-2)$$

式（5-1）中，Y_{it} 表示企业绩效，其中，i 表示企业标识，t 表示 2015～2018 年各个自然年度；MS_{it} 表示大股东股权；DAR_{it} 表示企业资产负债率；RD_{it} 代表研发投入；ES_{it} 代表企业规模；α_j 为系数，c 为常数，ε_{it} 为扰动项。模型二与模型一的不同之处在于，模型一中的 MI_j 表示企业是否开展新流创新，j 赋值 0～3，分别表示 2015～2018 年。如果 t 年度刚好是事件年度，则 MI_j 为 1，否则 MI_j 为 0。T 代表自然年度，赋值 1～4，分别表示 2015～2018 年自然年度。式（5-2）中，NI 表示企业是否开展二元创新，若企业开展二元创新，则 NI 为 1，否则 NI 为 0。DT_j 代表时间效应，j 赋值 0～3，分别表示 2015～2018 年自然年度。

第四节　实证结果与分析

一、新流创新对企业绩效的影响

为了避免多重共线性，在进行回归分析前对模型一的变量进行皮尔森相关性实验。从表 5-1 可知，市场绩效（$TOBINQ$）与关键变量新流创新、控

制变量治理结构（MS）、资产负债率（DAR）相关性不明显，与财务绩效
（ROA）、规模（ES）、自然年度（T）在 5% 水平上显著负向相关，与控制变
量研发广告投入（RD）在 10% 水平上显著负向相关；财务绩效（ROA）关键
变量新流创新也相关性较不明显，但与资产负债率（DAR）在 5% 水平上显著
负向相关，与规模（ES）在 10% 水平上显著负向相关。

表 5 - 1 Pearson 相关系数

变量	TOBINQ	ROA	MI0	MI1	MI2	MI3	MS	DAR	ES	RD	T
TOBINQ	1										
ROA	-0.214**	1									
MI0	0.019	0.05	1								
MI1	-0.065	0.021	0.615**	1							
MI2	-0.093	-0.004	0.391**	0.635**	1						
MI3	-0.107	-0.027	0.236**	0.384**	0.605**	1					
MS	-0.015	-0.004	-0.042	-0.036	0.003	0.022	1				
DAR	-0.043	-0.874**	0.029	0.05	0.08	0.097	-0.061	1			
ES	-0.614**	0.169*	-0.008	0.005	-0.008	0.027	0.301**	0.055	1		
RD	-0.195*	0.063	-0.085	-0.07	-0.112	-0.059	0.190*	-0.099	0.588**	1	
T	-0.436**	-0.123	0.011	0.160*	0.246**	0.232**	-0.042	0.143	0.098	0.074	1

注：***、**、* 分别表示 $p<0.01$、$p<0.05$、$p<0.1$。

因此，皮尔森相关性实验在一定程度上为本章假设的新流创新与物流企
业绩效之间可能存在某种联系提供了相关验证。由于 Pearson 相关系数所反映
的双变量之间的相关关系往往混合了其他变量的影响，此时计算出的 Pearson
相关系数可能并不真正准确地反映两个变量之间相关的关系。因此，需要对
新流创新与企业绩效的关系做进一步分析。

在可接受范围之内，如果根据经验判断变量间不存在强的相关性，则可
进一步做回归分析。企业创新有延迟现象，即 t 年度的新流创新同时会影响 t
年度及 t+1 年度（甚至更多年度）的企业绩效，因此，在回归分析时，应考
虑创新绩效的延迟效应，此处通过对 MI 值的设定来反映这种延迟效应。例如
t 年度刚好是事件年度 j，MI_j 为 1，如果延迟效应为 1 年，则 t+1 年度的 MI_j 也

为 1，$t+2$、$t+3$ 年度的 MI_j 为 0；如果延迟效应为 2 年，则 $t+1$、$t+2$ 年度的 MI_j 为 1，$t+3$ 年度的 MI_j 为 0。以此类推，回归结果分别记为 DLy_1、DLy_2 和 DLy_3。

本章采用变截距模型固定效应估计，具体实证结果如表 5-2 所示：（1）延迟效应为 1 年时（DLy_1），物流企业开展新流创新对市场绩效相关性不明显；开展新流创新对财务绩效相关性也不明显。（2）延迟效应为 2 年时（DLy_2），物流企业开展新流创新当年对市场绩效在 5% 的显著性水平上有负向影响；开展新流创新对财务绩效无显著相关。（3）延迟效应为 3 年时（DLy_3），物流企业开展新流创新对市场绩效无显著相关性；开展新流创新对财务绩效无显著相关性。

表 5-2　　　　　　　　　　　开展新流创新后的绩效分析

变量	DLy_1		DLy_2		DLy_3	
	TOBINQ	*ROA*	*TOBINQ*	*ROA*	*TOBINQ*	*ROA*
MI_0	-0.041 (0.029)	-0.057 (0.155)	-0.062** (0.029)	-0.081 (0.155)	-0.040 (0.030)	-0.125 (0.157)
MI_1	0.023 (0.040)	-0.004 (0.211)	0.052 (0.037)	-0.043 (0.197)	0.038 (0.038)	-0.015 (0.198)
MI_2	-0.073 (0.058)	0.040 (0.303)	-0.071 (0.057)	0.021 (0.302)	-0.087 (0.058)	0.039 (0.302)
MI_3	-0.047 (0.082)	0.056 (0.429)	0.061 (0.083)	-0.167 (0.436)	-0.047 (0.083)	-0.041 (0.435)
MS	-0.303*** (0.078)	1.133*** (0.411)	-0.311*** (0.078)	1.154*** (0.412)	-0.317*** (0.087)	1.143*** (0.411)
DAR	-1.167*** (0.038)	0.372* (0.200)	-1.167*** (0.038)	0.377* (0.200)	-1.177*** (0.039)	0.347* (0.203)
ES	0.124*** (0.012)	-0.721*** (0.063)	0.124*** (0.012)	-0.724*** (0.063)	0.126*** (0.012)	-0.723*** (0.062)
RD	-3.349*** (5.992)	1.247*** (3.151)	-3.328*** (5.976)	1.269*** (3.158)	-3.378*** (6.001)	1.268*** (3.146)
T	-0.017 (0.012)	-0.417 (0.061)	-0.016 (0.012)	-0.427*** (0.062)	-0.017 (0.012)	-0.427*** (0.162)
C	33.546 (23.587)	51.242*** (24.050)	32.296 (23.758)	71.416*** (25.525)	32.861 (23.911)	72.174*** (25.371)

注：括号内数值为标准差，***、**、*分别表示 $p<0.01$、$p<0.05$、$p<0.1$。

在三种延迟效应下，控制变量大股东持股（MS）对市场绩效均在 1% 的显著性水平上有负向影响，对财务绩效均在 1% 的显著性水平上有正向影响；资产负债率（DAR）与市场绩效均在 1% 显著水平上负相关，对财务绩效均在 10% 的显著性水平上有正向影响；企业规模（ES）与市场绩效均在 1% 的显著性水平上有正向影响，对财务绩效均在 1% 的显著性水平上有负向影响；研发广告投入（RD）对市场绩效均在 1% 的显著性水平上有负向影响，对财务绩效均在 1% 的显著性水平上有正向影响。自然年度（T）在 DLy_2 和 DLy_3 时对财务绩效在 1% 显著性水平上有负向影响，对市场绩效影响不显著。

二、二元创新与单一创新的绩效差异

为了探究物流企业的单一创新与二元创新的差异，对物流企业中二元创新的企业与单一创新（仅开展主流创新）的企业进行 T 检验，如表 5 - 3 所示：两者市场绩效均值和中值无显著性相关。从数据上看，进行二元创新的物流企业在财务绩效的中值在 5% 显著性水平上优于单一创新物流企业在 1% 显著性水平，进行二元创新的物流企业在财务绩效的均值在 5% 显著性水平上低于单一创新物流企业在 1% 显著性水平。

表 5 - 3　　　　　　　　　　　　　均值和中值检验

	TUOBINQ		ROA	
	均值	中值	均值	中值
二元创新	1.400	1.216	0.01**	0.437**
单一创新	1.270	0.832	0.03***	0.024***
全部样本	1.37*	1.137*	0.01**	0.383**

注：***、**、* 分别表示 $p < 0.01$、$p < 0.05$、$p < 0.1$。

具体结果如表 5 - 4 所示：物流企业在 DLy_1、DLy_2 和 DLy_3 三种情形下进行二元创新对企业市场绩效和财务绩效无显著相关性。在三种情形下，控制变量大股东持股（MS）对市场绩效在 1% 显著性水平上负相关。在 DLy_1 和 DLy_3 情形下，大股东持股（MS）对财务绩效在 1% 显著性水平上正相关。在 DLy_2 情形下，大股东持股（MS）对财务绩效在 5% 显著性水平上正相关。在三种情形下，资产负债率（DAR）与市场绩效在 1% 显著性水平上显著负相关；企业规模（ES）与市场绩效在 1% 显著性水平上正相关，与财务绩效在

1% 显著性水平上负相关；研发广告投入（*RD*）与市场绩效在 1% 显著性水平上显著负相关，与财务绩效在 1% 显著性水平上正相关。

表 5 - 4　　　　　　　　　　二元创新绩效分析

变量	DLy$_1$		DLy$_2$		DLy$_3$	
	TOBINQ	*ROA*	*TOBINQ*	*ROA*	*TOBINQ*	*ROA*
DT_0	- 0.452 (0.457)	0.224 (0.273)	- 0.061 *** (0.040)	0.286 (0.242)	- 0.024 (0.041)	0.227 (0.245)
DT_1	0.027 (0.040)	0.075 (0.241)	0.059 (0.037)	0.138 (0.224)	0.044 (0.038)	0.159 (0.225)
DT_2	- 0.060 (0.573)	0.371 (0.343)	- 0.065 (0.058)	0.282 (0.348)	- 0.076 (0.058)	0.294 (0.349)
DT_3	- 0.037 (0.082)	0.286 (0.492)	- 0.050 (0.083)	0.332 (0.496)	- 0.032 (0.083)	0.321 (0.498)
MS	- 0.296 *** (0.079)	1.251 *** (0.472)	- 0.306 *** (0.079)	1.218 ** (0.472)	- 0.313 *** (0.079)	1.266 *** (0.471)
DAR	- 1.173 *** (0.038)	0.202 (0.227)	- 0.175 *** (0.038)	0.198 (0.227)	- 1.180 *** (0.039)	0.258 (0.236)
ES	0.123 *** (0.012)	- 0.735 *** (0.072)	0.124 *** (0.012)	- 0.729 *** (0.072)	0.125 *** (0.012)	- 0.733 *** (0.072)
RD	- 3.413 *** (6.023)	1.071 *** (3.604)	- 3.400 *** (6.000)	1.048 *** (3.605)	- 3.458 *** (6.017)	1.066 *** (3.598)
BI	- 0.005 *** (0.043)	0.363 (0.260)	- 0.003 (0.038)	0.411 * (0.230)	0.018 (0.039)	0.374 ** (0.231)
C	- 0.879 *** (0.179)	9.892 *** (1.071)	- 0.884 *** (0.177)	9.775 *** (1.061)	- 0.917 *** (0.177)	9.809 *** (1.060)

注：括号内数值为标准差，*** 、** 、* 分别表示 $p < 0.01$、$p < 0.05$、$p < 0.1$。

第五节　对策建议

一、转变发展模式，积极推进二元创新

数字经济时代，任何企业想要跟上时代节奏迅猛发展，在行业中拥有一席之地，仅靠单一的主流创新无法为企业提供足够的竞争力，必须通过新流创新为物流企业提供多方向发展的可能性，以此来增加企业的市场竞争力，延长企业的寿命。数据表明，仅有 20% 的物流上市企业在 2015～2018 年未进行二元创新，60% 的企业有开展二元创新，还有 20% 的企业则每年都进行二

元创新，可以看出大部分物流企业在企业的转型升级方面都有了一定的意识，但能够做到坚持二元创新的企业还只是少数。其中，ST 长投依托长江经济带战略，开发出投资与投资服务的商业模式，并成立了长江鼎立小额贷款公司，而传化智联、厦门象屿等企业则依靠其强大的供应链，积极引入供应链金融的新业态，并以此打造核心业务产品。可以发现，一旦企业开始二元创新，也就意味着企业在不断地适应市场变化。在多方面因素促进企业快速发展背景下，二元创新显然比单一创新更符合企业的需求，传统物流企业在稳固自身业务的同时，更要积极开展二元创新，参与到新模式、新业态的研究与建设中去，加速企业转型，以获得更强大的竞争力与生命力。

二、结合实际情况，合理配置创新资源

二元创新的困难及高风险之处在于创新方向的选择上，而从本章的数据分析结果中也可以看出，二元创新对企业绩效的影响在随后的几年时间是存在一定的波动，那么能否降低波动的幅度，或者使这种波动更偏向于正向是衡量二元创新成功与否的关键。因此，企业在选择二元创新方向时应该尽量根据自身情况进行创新，资金雄厚的大企业抗风险能力较强，如传化智联和上港集团，这类企业在创新的方向上有更多的选择，而一些规模较小，实力较弱的企业，应尽量选择与本身业务相关的方向，降低二元创新的风险。如恒通股份开发无车承运人信息化平台的业务，怡亚通将传统渠道代理商模式转变为平台运营模式，建立遍布中国辐射全球的服务网络，帮助合作伙伴满足全球化的需要。以上两个企业在进行二元创新时，都选择了与自己主营业务相近的业务进行创新，同时新业务又能辅助主营业务，为企业创造更高的效益，加快企业转型。而其他物流企业在进行二元创新时，也应该基于自身实际情况，借鉴成功的经验，合理选择创新方向，在规避风险的同时尽可能与企业的主营业务呈相辅相成的关系，助力企业发展，高效创新。

三、完善基础设施，加速推进二元创新

基础设施建设是企业生存与发展最为重要的一环，一切战略的实施都离不开完善的基础设施建设，对于物流企业这种综合性服务企业来说，基础设施的建设更是尤为重要。通过研究发现，大部分物流企业之所以没有进行二

元创新，一部分原因就是基础设施不完善，无法保证企业创新的有效实施。例如，营口港近年来正在不断完善港口周边的基础设施建设，企业将大量的精力和资金投入这方面，导致无力顾及二元创新。随着科技的快速发展和新型营业模式的喷涌式显现，港口周边的基础设施成为物流企业能否开拓新市场，发展新业务的根本性因素。许多港口物流企业由于基础设施的不完善或落后而在开拓新市场时举步维艰、后续无力。不少物流企业在大部分城市已经有了较为完善的基础设施，如传化智联在全国各地建立了几十个物流园区，但在一些边远地区和农村，仍然存在基础设施不齐全的情况，这也在一定程度上限制了物流企业创新的脚步。因此，物流企业仍然需要不断完善基础设施建设如物流园区、智慧信息系统平台等，争取早日完善自身基础，能有更多的精力放在企业的二元创新上，加快打造企业二元创新高地。

四、优化组织结构，实施员工激励

企业在开展二元创新时，由于新流创新和主流创新的平衡问题可能会导致组织不同部门间以及员工之间产生矛盾与隔阂，而组织的内部员工以及部门间的互动对物流企业的创新活动会起到很大的影响，因此企业应积极配合二元创新进行组织结构和组织文化优化和变革，使其更适应转型后的企业战略，避免内部资源争夺和内部矛盾的产生。如华贸物流，在收购德翔物流等公司后，在新公司与总公司之间实行合理的人员调配，在培养人才的同时也避免了组织僵化。当员工的积极性和协作意识被调动起来，更能全身心地为企业的创新活动发光发热，华贸物流在这方面做得也很好，通过以利润共享机制为核心点的绩效考核以及股权激励方案，激发优秀管理团队与骨干员工的工作激情，同时根据业绩提升幅度相应提升员工绩效奖金，使其为公司的发展与创新不断拼搏。员工是企业的重要组成部分，也是物流企业实施二元创新的动力源泉。因此，合理优化组织结构，调动员工积极性也是物流企业能否顺利开展二元创新的关键。

第六节　总　　结

本章通过面板分析对国内 36 家物流上市公司在 2015～2018 年开展二元创

新对企业绩效的影响进行了研究，丰富了物流企业创新与绩效大样本实证研究。通过研究发现，当不考虑延迟效应时，物流企业进行新流创新与企业绩效无显著相关。当考虑延迟效应时，物流企业在开展新流创新当年和两年后对市场绩效有正向影响，对财务绩效整体上存在正向影响；当不考虑延迟效应时，二元创新与物流企业绩效显著相关且优于单一创新，二元创新整体上对物流企业的市场绩效都有正向影响，二元创新对财务绩效也都有正向影响。当考虑延迟效应时，物流企业二元创新当年对市场绩效有正向影响，后续年度会有一年出现负向影响，其他年度正向影响，在当年和两年后对财务绩效有负向影响，其余年度为正向影响；因此，企业应该结合自身的企业财务实力、市场环境、竞争力、创新水平等各方面因素，选择最适合自身可持续发展的新流创新发展方式，开展二元创新。

本章研究也存在不足之处。在数据上，由于本章在数据上选择的是国内连续经营 4 年以上的物流上市企业，而像顺丰、圆通、中通等目前占据市场较大份额的企业上市时间过短，而满足条件的上市公司样本较少，因此所得数据较有一定的偶然性，这在一定程度上影响了研究结论。而且物流企业通过新流创新和二元创新对企业顾客的决策、对原先市场环境的影响仍然有较多不确定因素。最后，希望国内学者更多的关注与研究物流企业的新流创新和二元创新，共同推动我国物流业蓬勃发展。

第六章 基于 SD 的企业二元创新资源配置实证研究

企业二元创新的关键问题是创新资源如何在二元创新之间分配以及不同资源投入组合会产生怎样的企业创新绩效。如果能提供一种客观的、定量的方法将是解决问题的关键。以往的二元创新研究多以知识生产和应用的线性模式来概括企业各阶段的创新关系，而非线性模型的系统范式更符合实际情况。在前期研究中，笔者初步构建了二元创新演进不同创新阶段的系统动力学（system dynamics，SD）模型，模拟仿真企业不同创新投入对创新收益的影响[137]。本章将进一步对其进行改造和完善，构建汇流创新视角下的二元创新系统动力学模型，并借助仿真软件对案例企业进行动态模拟仿真，探讨企业主流与新流之间的资源配比，考察创新资源投入引发的系统动态变化行为和趋势，识别创新资源投入的优先度，为企业创新资源优化配置提供一种量化的方法和有效的决策支持。

第一节 研究假设与边界确定

一、假设条件

（1）二元创新是企业追求利益最大化的内在要求。主流创新会随生命周期衰竭，无法为企业提供永续的经济利益。开展二元创新，塑造持续的创新流，成为企业长久利润的重要来源。

（2）企业有意愿、有能力同时开展主流创新与新流创新。在二元创新演进的不同阶段，主流与新流的创新要素发生改变，使得企业调整二者之间的资源配置，致使主流或新流创新收益随之变化，进而会影响到整体创新绩效。

78

（3）二元创新收益来自主流创新收益和新流创新收益的总和。如果主流创新收益的增长速度快于新流创新收益，加强主流创新的意愿就更大；反之，企业会加大新流创新投入。

（4）二元创新系统受内外动力和影响因素作用下，沿生命周期发展演进，尽管系统在外部环境的作用下可能发生许多变化，但是"系统之宏观行为源于其微观机构"[138]，本章假设二元创新系统的行为模式主要取决于内部结构与反馈机制。

二、系统边界确定

企业二元创新系统是复杂的巨系统，朱斌和陈巧平对其影响要素进行了探讨[139]，本章研究的重点是创新资源如何在二元创新之间分配、不同资源配置会产生如何的企业创新绩效。因此，将企业二元创新系统划分为主流创新子系统、新流创新子系统和企业创新收益子系统，如图 6 - 1 所示。

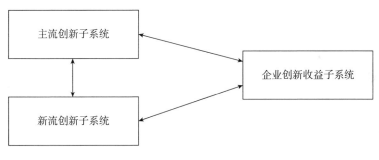

图 6 - 1　系统边界

第二节　系统动力学模型建立

一、二元创新系统因果关系图

根据二元创新系统演进的规律、路径、特点，以及要素分析[137]，从企业创新收益角度绘制出因果关系图，如图 6 - 2 所示。

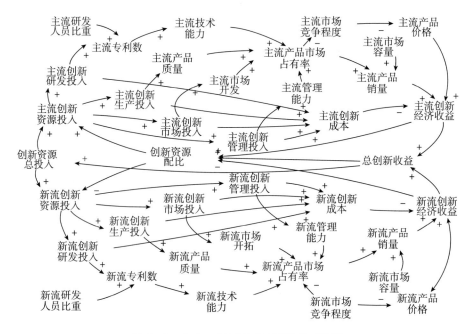

图 6 - 2   企业二元创新系统因果关系模型

二、系统流图模型

本章研究的核心是企业同时开展二元创新，如何在二者之间进行资源配置，以及探讨在不同的资源配置下创新绩效的差异性。系统流图主要体现为主流与新流共存的汇流创新阶段。因此，在确定模型边界、提出假设绘制因果回路图、回路分析和原因树分析之后，在模型的边界中识别因素并确定变量，并适量增添相关辅助变量以更好地分析研究模型，最终建立企业二元创新的系统流图，如图 6 - 3 所示。

本章设定的系统动力学主要方程有：

（1）TIRI(t) = DELAY1I(TIEB(t) × TIF,1,INT1)

创新资源总投入 TIRI（t）由企业总利润 TIEB（t）和总投入系数 TIF 决定。

（2）RRTM(t) = DELAY1I(TIEB(t) × TEBF + TITS(t) × TITF + MITS(t) × MITF,1,INT2）

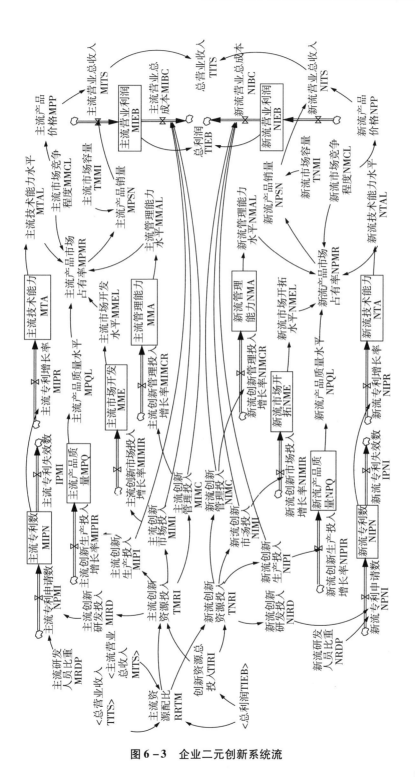

图 6 - 3　企业二元创新系统流

结合本章研究，企业主流资源配比 RRTM（t）是总利润 TIEB（t）、总营业收入 TITS（t）和主流营业总收入 MITS（t）的函数，作用系数分别为 TEBF、TITF、MITF。

（3）$TMRI(t) = TIRI(t) \times RRTM(t)$

主流创新资源投入 TMRI（t）由创新资源总投入 TIRI（t）和主流资源配比 RRTM（t）共同决定。

（4）$MIRD(t) = TMRI(t) \times MRDF$

主流创新研发投入 MIRD（t）由主流创新资源投入 TMRI（t）和主流研发投入系数 MRDF 两者决定。

（5）$NPMI(t) = DELAY1I(MIRD(t) \times MIRDF + MRDP(t) \times MRDPF, 1, INT3)$

主流专利申请数 NPMI（t）是主流创新研发投入 MIRD（t）以及主流研发人员比重 MRDP（t）的函数，其作用系数分别是 MIRDF 和 MPDF。

（6）$MIPN(t) = INTEG(NPMI(t) - IPMI(t), INT4)$

主流专利数 MIPN（t）受主流专利申请数 NPMI（t）和主流专利失效数 IPMI（t）的时间累积效应影响。

（7）$MTA(t) = INTEG(1/(1 + EXP(-MIPR(t)) - 0.5, INT5)$

主流技术能力 MTA（t）用主流专利数量的时间累积函数表示，MIPR（t）为主流专利数增长率，用（MIPN（t）－MIPN（t－1））/MIPN（t－1）表示。

（8）$MTAL(t) = IF\ THEN\ ELSE(MTA(t) < 0, 0, IF\ THEN\ ELSE(MTA(t) > 1, 1, MTA(t)))$

根据研究需要，本章假定主流技术能力水平取值在 [0，1] 之间。

（9）$MIPI(t) = TMRI(t) \times MPF$

主流创新生产投入 MIPI（t）由主流创新资源投入 TMRI（t）与主流生产投入系数 MPF 共同决定。

（10）$MPQ(t) = INTEG(1/(1 + EXP(-MIPIR(t)) - 0.5, INT6)$

主流产品质量 MPQ（t）是主流生产投入的时间累积函数，MIPIR（t）为主流创新生产投入增长率，用（MIPI（t）－MIPI（t－1））/MIPI（t－1）

表示。

（11）MPQL(t) = IF THEN ELSE(MPQ(t) < 0,0,IF THEN ELSE(MPQ(t) > 1,1,MPQ(t)))

根据研究需要，本章假定主流产品质量水平取值在 [0，1] 之间。

（12）MIMI(t) = TMRI(t) × MMF

主流创新市场投入 MIMI（t）由主流创新资源投入 TMRI（t）与主流市场投入系数 MMF 两者决定。

（13）MME(t) = INTEG(1/(1 + EXP(– MIMIR(t)) – 0.5,INT7))

主流市场开发 MME（t）是主流创新市场投入的时间累积函数，MIMIR（t）为主流创新市场投入增长率，用（MIMI（t） – MIMI（t – 1））/MIMI（t – 1）表示。

（14）MMEL(t) = IF THEN ELSE(MME(t) < 0,0,IF THEN ELSE(MME(t) > 1,1,MME(t)))

根据研究需要，本章假定主流市场开发能力水平取值在 [0，1] 之间。

（15）MIMC(t) = TMRI(t) × MMCF

主流创新管理投入 MIMC（t）由主流创新资源投入 TMRI（t）与主流管理投入系数 MMCF 共同决定。

（16）MMA(t) = INTEG(1/(1 + EXP(– MIMCR(t)) – 0.5,INT8)

主流管理能力 MMA（t）是主流创新管理投入的时间累积函数，MIMCR（t）为主流创新管理投入增长率，用（MIMC（t） – MIMC（t – 1））/MIMC（t – 1）表示。

（17）MMAL(t) = IF THEN ELSE(MMA (t) < 0,0,IF THEN ELSE(MMA (t) > 1,1,MMA(t)))

根据研究需要，本章假定主流管理能力水平取值在 [0，1] 之间。

（18）MPMR(t) = (MPQL(t) + MMEL(t) + MTAL(t) + MMAL(t)) × (1 – MMCL(t))/4

主流产品市场占有率 MPMR（t）与主流产品质量水平 MPQL（t）、主流市场开发水平 MMEL（t）、主流技术能力水平 MTAL（t）和主流管理能力水平 MMAL（t）成正比，与主流市场竞争程度 MMCL（t）成反比。

（19）$MPSN(t) = TMMI(t) \times MPMR(t)$

主流产品销量 MPSN（t）由主流市场容量 TMMI（t）与主流产品市场占有率 MPMR（t）共同决定。

（20）$MITS(t) = MPSN(t) \times MPP(t)$

主流营业总收入 MITS（t）由主流产品销量 MPSN（t）和主流产品价格 MPP（t）共同决定。

（21）$MIBC(t) = MIMI(t) + MIPI(t) + MIMC(t)$

主流营业总成本 MIBC（t）由主流创新市场投入 MIMI（t）、主流创新生产投入 MIPI（t）、主流创新管理投入 MIMC（t）共同决定。主流研发投入 MIRD（t）做资本化支出处理，不计入主流营业总成本。

（22）$MIEB(t) = INTEG(MITS(t) - MIBC(t), 0)$

主流营业利润 MIEB（t）受主流营业总收入 MITS（t）、主流营业总成本 MIBC（t）的时间累积效应影响。

（23）$TNRI(t) = TIRI(t) \times (1 - RRTM(t))$

新流创新资源投入 TNRI（t）与创新资源总投入 TIRI（t）和新流资源配比（1 - RRTM（t））共同决定。

（24）$NIRD(t) = TNRI(t) \times NRD$

新流创新研发投入 NIRD（t）由新流创新资源投入 TNRI（t）和新流研发投入系数 NRDF 两者决定。

（25）$NPNI(t) = DELAY1I(NIRD(t) \times NIRDF + NRDP(t) \times NRDPF, 1, 0)$

新流专利申请数 NPNI（t）是新流创新研发投入 NIRD（t）以及新流研发人员比重 NRDP（t）的函数，作用系数分别为 NIRDF 和 NRDPF。专利申请延迟时间为 1 个单位时间。

（26）$NIPN(t) = INTEG(NPNI(t) - IPNI(t), 0)$

新流专利数 NIPN（t）受新流专利申请数 NPNI（t）和新流专利失效数 IPNI（t）的时间累积效应影响。

（27）$NTA(t) = INTEG(1/(1 + EXP(-0.5 \times NIPR(t)) - 0.5, 0)$

新流技术能力 NTA（t）用新流专利数量的时间累积函数表示，MIPR（t）为新流专利数增长率，用（NIPN（t）- NIPN（t-1））/NIPN（t-1）

表示。

（28）NTAL(t) = IF THEN ELSE(NTA(t) < 0,0,IF THEN ELSE(NTA(t) > 1,1,NTA(t)))

根据研究需要，本章假定新流技术能力水平取值在 [0，1] 之间。

（29）NIPI(t) = TNRI(t) × NPF

新流创新生产投入 NIPI（t）由新流创新资源投入 TNRI（t）与新流生产投入系数 NPF 共同决定。

（30）NPQ(t) = INTEG(1/(1 + EXP(-0.3 × NIPIR(t)) -0.5,0)

新流产品质量 NPQ（t）是新流生产投入的时间累积函数，NIPIR（t）为新流创新生产投入增长率，用（NIPI（t） -NIPI（t-1））/NIPI（t-1）表示。

（31）NPQL(t) = IF THEN ELSE(NPQ(t) < 0,0,IF THEN ELSE(NPQ(t) > 1,1,NPQ(t)))

根据研究需要，本章假定新流产品质量水平取值在 [0，1] 之间。

（32）NIMI(t) = TNRI(t) × NMF

新流创新市场投入 NIMI（t）由新流创新资源投入 TNRI（t）与新流市场投入系数 NMF 两者决定。

（33）NME(t) = INTEG(1/(1 + EXP(-0.3 × NIMIR(t)) -0.5,0)

新流市场开拓 NME（t 是新流创新市场投入的时间累积函数，NIMIR（t）为新流创新市场投入增长率，用（NIMI（t） -NIMI（t-1））/NIMI（t-1）表示。

（34）NMEL(t) = IF THEN ELSE(NME(t) < 0,0,IF THEN ELSE(NME(t) > 1,1,NME(t)))

根据研究需要，本章假定新流市场开拓能力水平取值在 [0，1] 之间。

（35）NIMC(t) = TNRI(t) × NMCF

新流创新管理投入 NIMC（t）由新流创新资源投入 TNRI（t）与新流管理投入系数 NMCF 共同决定。

（36）NMA(t) = INTEG(1/(1 + EXP(-0.3 × NIMCR(t)) -0.5,INT9)

新流管理能力 NMA（t）是新流创新管理投入的时间累积函数，NIMCR

（t）为新流创新管理投入增长率，用（NIMC（t）－NIMC（t－1））/NIMC（t－1）表示。

（37）NMAL(t) = IF THEN ELSE（NMA（t）<0,0,IF THEN ELSE（NMA（t）>1,1,NMA(t)））

根据研究需要，本章假定新流管理能力水平取值在［0，1］之间。

（38）NPMR(t) = (NPQL(t) + NMEL(t) + NTAL(t) + NMAL(t)) × (1 － NMCL(t))/4

新流产品市场占有率 NPMR（t）与新流产品质量水平 NPQL（t）、新流市场开拓水平 NMEL（t）、新流技术能力水平 NTAL（t）和新流管理能力水平 NMAL（t）成正比，与新流市场竞争程度 NMCL（t）成反比。

（39）NPSN(t) = TNMI(t) × NPMR(t)

新流产品销量 NPSN（t）由新流市场容量 TNMI（t）与新流产品市场占有率 NPMR（t）共同决定。

（40）NITS(t) = NPSN(t) × NPP(t)

新流营业总收入 NITS（t）由新流产品销量 MPSN（t）和新流产品价格 NPP（t）共同决定。

（41）NIBC(t) = NIMI(t) + NIPI(t) + NIMC(t)

新流营业总成本 NIBC（t）由新流创新市场投入 NIMI（t）、新流创新生产投入 NIPI（t）、新流创新管理投入 NIMC（t）共同决定。新流研发投入 NIRD（t）做资本化支出处理，不计入新流营业总成本。

（42）NIEB(t) = INTEG(NITS(t) － NIBC(t),0)

新流营业利润 NIEB（t）受新流营业总收入 NITS（t）、新流营业总成本 NIBC（t）的时间累积效应影响。

（43）TITS(t) = MITS(t) + NITS(t)

企业创新收益中，总营业收入 TITS（t）由主流营业总收入 MITS（t）和新流营业总收入 NITS（t）共同决定。

（44）TIEB(t) = MIEB(t) + NIEB(t)

企业总利润 TIEB（t）由主流营业利润 MIEB（t）和新流营业利润 NIEB（t）两者决定。

第三节　企业实证研究

一、案例企业的主要数据及参数确定

在系统流图、系统动力学方程模型建立之后，根据研究需要，需要开展企业模拟仿真实证研究。本章之所以选择以 HY 公司为研究对象，进行系统动力学模拟仿真，主要原因有以下几方面：首先，HY 公司的主流液压机械创新与新流复合材料创新同步演进正处于蓬勃蓄势的汇流阶段，是当前创新驱动背景下企业二元创新演进最鲜活的例证；其次，HY 公司同时开展二元创新的方式比较典型，企业在主流液压机械领域创新之外，探索复合材料制品的新流领域研究，其新流探索方式很具有代表性。从新流独立研发实验室，到组建新流业务部门，最终再单独设立全资子公司 HY 新材料，HY 公司的二元创新模式为其他企业如何推进二元创新协同演进方面提供较好的借鉴；最后，HY 公司的成功上市以及子公司 HY 新材料的设立，为本章收集和整理企业二元创新演进研究所需的相关数据资料提供了极大的便利。由于 HY 公司是从 2012 年才开始正式涉足新流复合材料领域，如果仅以年度数据为基础，则样本数据过少，因此，本章以半年作为时间单位，结合企业年度报告、半年报告、内刊、管理者及主要技术骨干访谈等方式，收集和整理相关数据，如表 6 -1、表 6 -2 所示。

表 6 -1　　　　　　　　　　　　　主要变量参数及说明

变量	初始值	说明
TIF	0.967	根据原始数据回归分析可得
TEBF	$8.605 \times 10 - 5$	根据基础数据，利用 SPSS 做回归分析可得
TITF	$-3.488 \times 10 - 5$	同上
MITF	$4.303 \times 10 - 5$	同上
MIRDF	0.0048	借鉴李培楠等[140]的研究，结合企业具体情况调整
MRPDF	227.4607	同上

变量	初始值	说明
MRDF	0.1313	前 9 个时间单位均值，Time > 9 时采用做仿真分析
MPF	0.5498	同上
MMF	0.1304	同上
MMCF	0.1885	同上
IPMI	2 个	从年报中可查
IPNI	0 个	新流创新处于萌芽期时，新流专利暂无失效情况
NIRDF	0.0464	借鉴张国强[141]的研究，结合企业具体情况调整
NRDPF	33.1643	同上
NRDF	0.1808	前 9 个时间单位均值，Time > 9 时采用做仿真分析
NPF	0.3813	同上
NMF	0.0656	同上
NMCF	0.3723	同上
INT1	12637.1 万元	从年报中可查
INT2	0.9995	2012 年上半年，企业大部分资源都是投入主流创新
INT3	5 个	依据 HY 公司年报
INT4	55 个	同上
INT5	0.5	与管理者及主要技术骨干访谈结果整理
INT6	0.8	同上
INT7	0.6	同上
INT8	0.5	同上
INT9	0.2	同上

表 6 - 2 　　　　　　　　　系统动力学初始参数设置

参数	设定值	参数	设定值
仿真起始时间	1	仿真步长	1
仿真终止时间	16	数据记录步长	1
时间单位	半年		

注：（1）由于创新演化代际加速，管理者更关注三年以内的创新演进情况，因此，将仿真年限设置为 2019 年，共计 16 个时间单位。

（2）由于 Vensim 软件中，无法以半年为时间单位，因此，在软件中以 year 为时间单位进行仿真，但是实际上表示的是半年。后续将对输出结果的时间轴进行修正，将 Time（Year）改为 Time（Half year）。

二、模型有效性检验

在 SD 模型方程建立和参数确定后，必须对模型进行有效性检验，以 2012 年上半年为基期，并输入相应数据，通过运行模型，将模型模拟数据与原始数据进行比较，并借鉴张国强[141]研究方法，建立误差率公式：

$$\delta_j^i = \left| \frac{X'_j{}^i - X_j^i}{X_j^i} \right| ; i = 1, \cdots, 8 ; j = 1, \cdots, 9 \qquad (6-1)$$

为了变量误差率之间方便对比，建立平均误差率公式：

$$\delta^i = \left| \frac{1}{9} \sum_{j=1}^{9} \delta_j^i \right| ; i = 1, \cdots, 8 \qquad (6-2)$$

式中，X′表示模拟数据，X 表示原始数据，式（6-1）和式（6-2）中，j 表示时间段，从 2012 年上半年一直到 2016 年上半年，1 表示 2012 年上半年，2 表示 2012 年下半年，以此类推，9 表示 2016 年上半年；i 表示变量，其中 1 表示总营业收入，2 表示总营业利润，3 表示主流营业总收入，4 表示主流营业利润，5 表示新流营业总收入，6 表示新流营业利润，7 表示主流专利数，8 表示新流专利数。

根据式（6-1）和式（6-2），输入相应数据和参数，计算结果得：

$\delta^1 = 0.99\% < 10\%$，$\delta^2 = 6.27\% < 10\%$，$\delta^3 = 1.50\% < 10\%$，$\delta^4 = 7.5\% < 10\%$；

$\delta^5 = 9.39\% < 10\%$，$\delta^6 = 9.67\% < 10\%$，$\delta^7 = 1.24\% < 10\%$，$\delta^8 = 7.90\% < 10\%$。

平均误差率都小于 10%。其中，新流营业总收入和营业利润误差率稍微偏大一些，原因在于新流创新收益的数值较小，因此从数据上看误差率显得较大。随着新流创新收益值增大，误差率将大大减小。同时，使用误差率和平均误差率对模型中其他变量进行分析，所得误差也基本控制在 10% 以内，这说明本章所建立的系统动力学模型具有一定的准确性和有效性，可以适用模拟该企业二元创新演进的情况，并通过模拟仿真推演企业的创新决策，为管理者提出相应对策建议。

三、创新收益影响因素仿真分析

（一）资源投入与创新收益关系的仿真分析

1. 企业总资源投入与创新收益关系

从图6-4可以很容易看出，如果企业能在现有基础上增加总资源投入（TIRI），将对总利润水平的提升有较大帮助。进一步发现，总资源投入的增加并未带来主流营业利润的增长；总利润的增长主要源于新流业务提升所带来的业绩回报。而从图中的曲线发现，总利润并不是稳定提升，而是呈现波动性增长态势，也就意味着加大创新资源总投入可能存在的潜在风险。当企业减少总资源投入的情况下，由于新流创新营业利润的减少致使总利润迅速下滑。从总资源投入与创新收益关系的关系来看，HY公司也面临着类似于"创新找死、不创新等死"的局面。

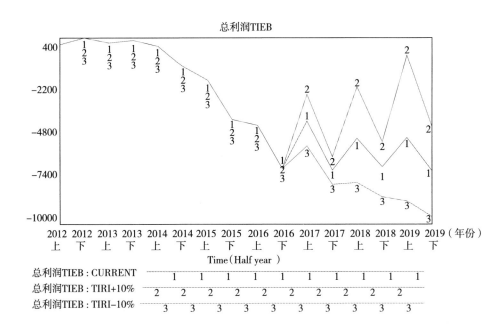

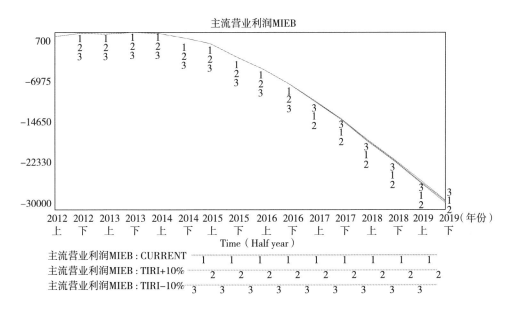

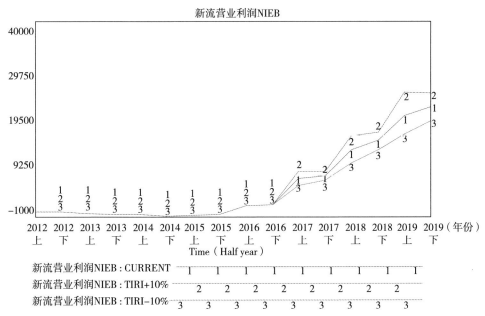

图 6－4　TIRI 对总利润、主流营业利润、新流营业利润的影响

2. 研发投入与创新收益关系

从图6-5发现，主流研发投入MIRD和新流研发投入NIRD的变化，对总利润、主流营业利润和新流营业利润的影响都不明显。其中，主流研发投入增加，分别引起主流营业利润和新流营业利润的少量增加和减少，总利润几乎不变。而新流研发投入对创新收益的影响要比主流研发投入大一些，但也不显著。结合HY公司实际情况来看，主流液压机械创新基本成熟，主流领域的研发投入对主流创新绩效的提升十分有限。而新流复合材料创新方面，新流研发投入所带来的新流价值体系提升具有时间滞后性。因此，从短期来看，新流研发投入对创新收益的贡献度不高（如图6-6所示）。

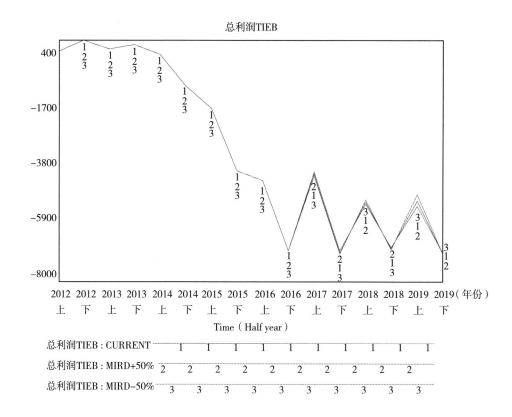

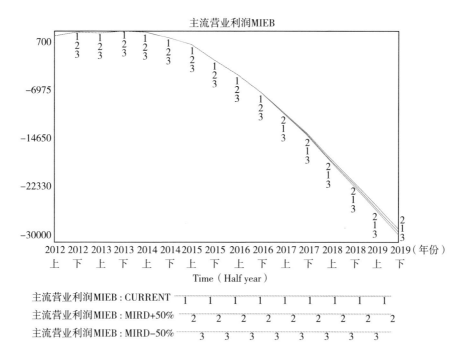

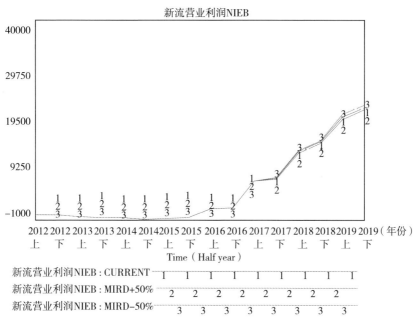

图 6 - 5 MIRD 对总利润、主流营业利润、新流营业利润的影响

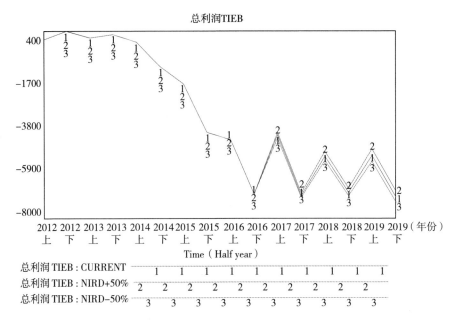

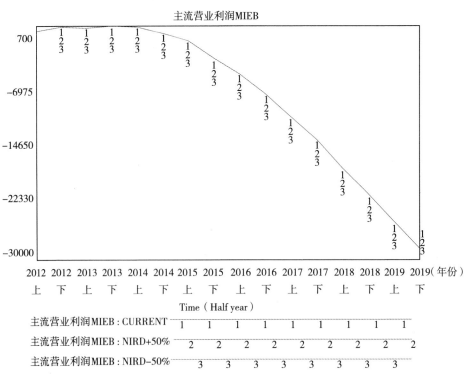

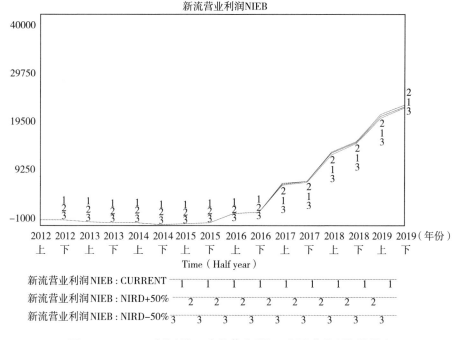

新流营业利润NIEB

新流营业利润NIEB：CURRENT —— 1   1   1   1   1   1   1   1   1
新流营业利润NIEB：NIRD+50% —— 2   2   2   2   2   2   2   2
新流营业利润NIEB：NIRD-50% —— 3   3   3   3   3   3   3   3

图6-6　NIRD对总利润、主流营业利润、新流营业利润的影响

3. 生产投入与创新收益关系

HY公司主流液压机械面临着较大的转型压力，从图6-7的演进趋势来看，当企业降低主流生产投入（MIPI）时，反而有助于提升总利润。一方面，减少主流生产投入，在市场乏力当前背景下也就降低了主流营业亏损；另一方面，减少的主流生产投入在一定程度上用于新流业务的拓展，增加了新流营业利润。通过与HY公司管理层和相关技术人员访谈了解到，HY公司已于2015年开始对传统液压机械产品涉及的业务资源进行整合，以降低成本和提高效益。从新流生产投入变化对创新收益的影响来看，HY公司的新流复合材料领域具有较高的成长性，包括复合材料模板、配件产品、施工工具在内的系列复合材料产品销售规模的扩大使得创新效益迅速增大（如图6-8所示）。

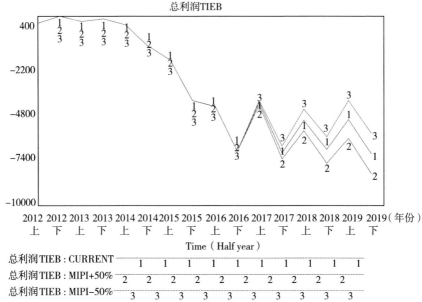

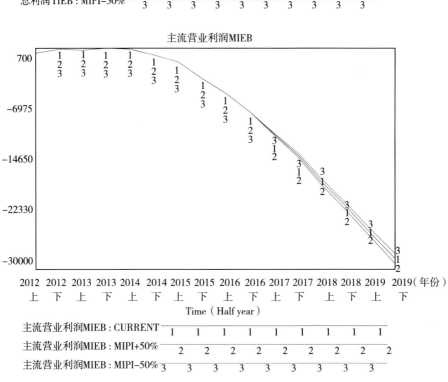

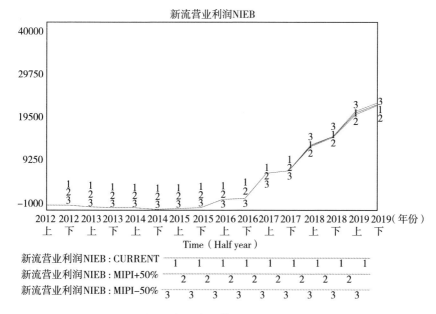

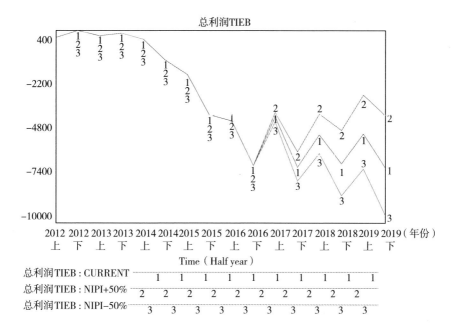

图 6 – 7　MIPI 对总利润、主流营业利润、新流营业利润的影响

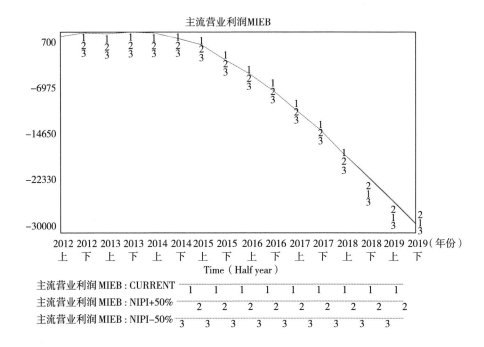

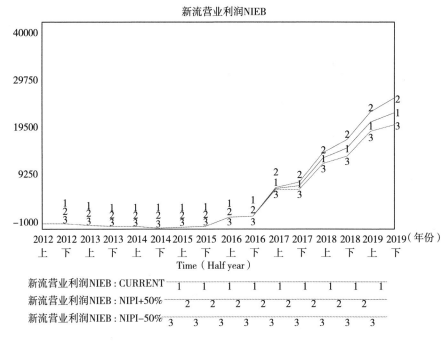

图 6 - 8　NIPI 对总利润、主流营业利润、新流营业利润的影响

4. 市场投入与创新收益关系

如图 6 - 9 所示，主流市场投入（MIMI）对主流和新流营业利润的影响都不明显，降低主流市场投入反而少量提升了总利润。结合 HY 公司实际情况来看，一方面，受宏观经济影响较大，由于房地产投资和冶金行业固定资产投资不振，影响了主流液压机械产品的市场需求；另一方面传统出口市场受经济影响，需求下滑也很明显。因此，对于主流液压机械市场的倾向应该是维持或缩减销售队伍，择机调整现有市场结构。相对而言，新流市场投入（NIMI）对创新收益的提升有所帮助（如图 6 - 10 所示），整合营销资源，培养专业化销售团队，拓宽产品应用领域，都有利于促进企业的长远发展。

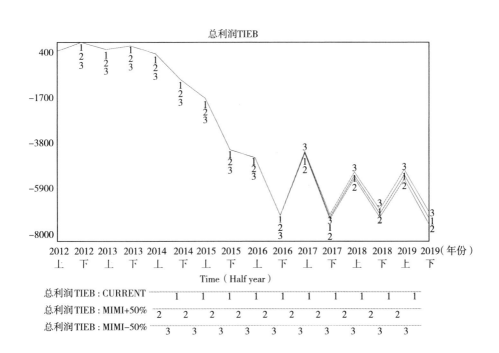

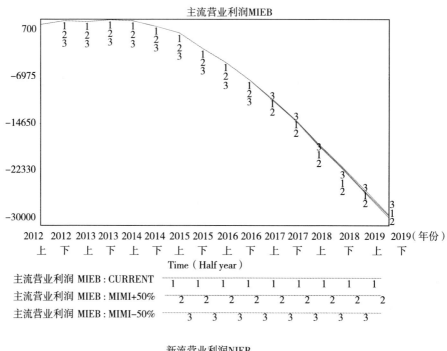

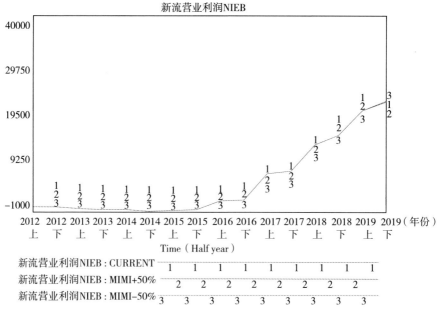

图 6-9　MIMI 对总利润、主流营业利润、新流营业利润的影响

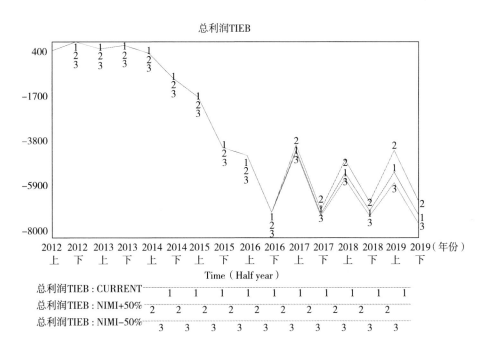

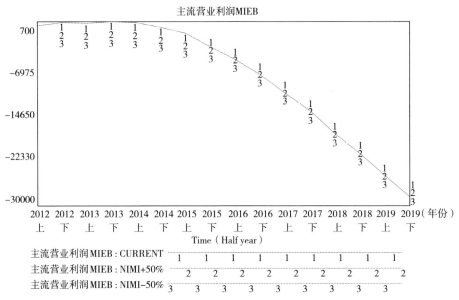

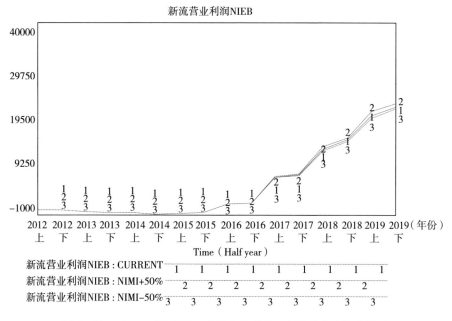

图 6 - 10 NIMI 对总利润、主流营业利润、新流营业利润的影响

5. 管理投入与创新收益关系

如图 6 - 11 所示，主流创新管理投入（MIMC）同样对创新收益影响不显著，企业在制度建设、业务管理流程、信息化建设、绩效管理体系等方面都已经十分成熟，不需要更多的管理投入即可维持一定的主流创新产出。甚至可以减少主流机构规模，降低办公行政、组织管理等方面不必要的成本支出。形成鲜明对比的是，企业加大新流创新管理投入（NIMC），将极大提升新流创新利润和总利润（如图 6 - 12 所示）。新流复合材料领域在研发、生产上都有经投入较多资源，形成较高的技术水平和产品质量，但是在新流创新管理上，投入还相对不足。未来企业应持续加大新流领域创新管理投入，增强新流领域管理水平，以获取更高的创新绩效。

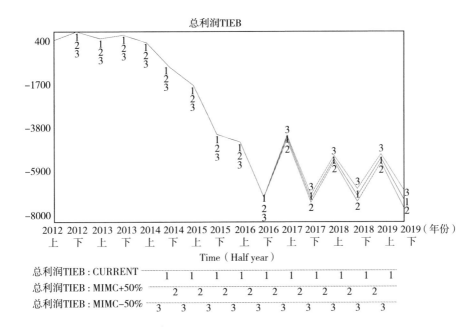

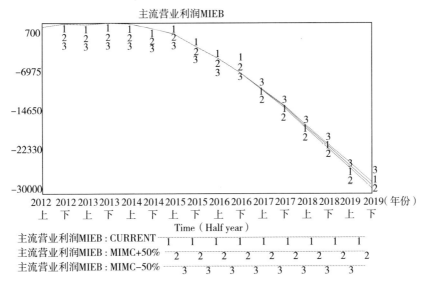

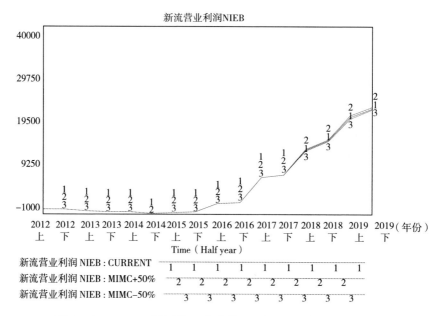

新流营业利润 NIEB

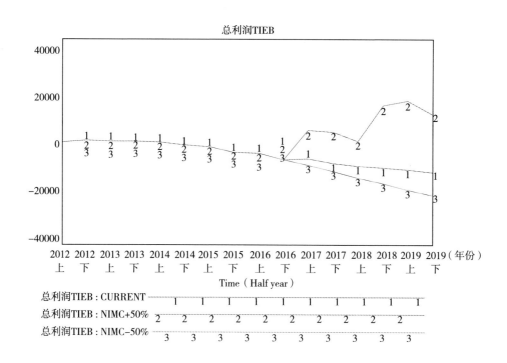

总利润TIEB

图 6 - 11   MIMC 对总利润、主流营业利润、新流营业利润的影响

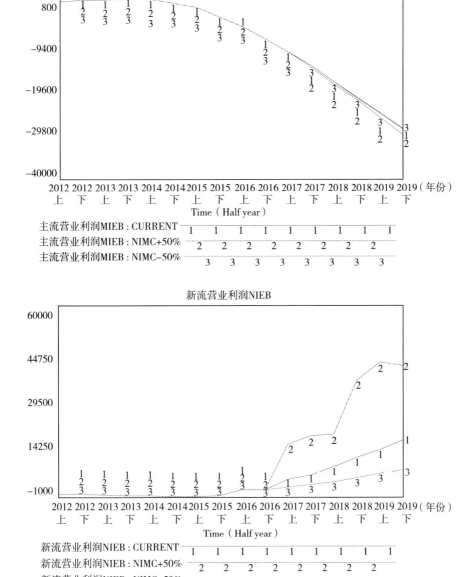

图 6-12 NIMC 对总利润、主流营业利润、新流营业利润的影响

（二）主新流资源配置对创新收益影响的仿真分析

企业创新收益的实现不仅取决于主流或新流创新业务开展情况，还与管理者如何在主流与新流之间配置创新资源息息相关。本章在仿真模型中用主流资源配比 RRTM 来表示管理者将总的投入资源配置到主流创新业务活动中的比例，则新流创新业务的资源配比为（1 − RRTM）。从图 6 − 13 发现，主流资源配比（RRTM）随二元创新演进而逐步降低，但是当该数值接近 0.5 时，将呈现较大的波动，究其原因在于主流与新流对资源的争夺。图 6 − 13 中，RRTM + 50% 和 RRTM − 50% 这两条曲线的对比，说明目前企业中主流液压机械创新对资源配置的影响力更大，主要源于组织惯例的存在，对新流创新具有一定的排斥性。另外，从图 6 − 14 发现，降低主流资源配比有利于提升企业总利润，即管理层要从战略上进行调整主新流资源配置，逐步将企业重心从液压机械领域转移到复合材料领域，促成新旧主流更替，进入新的创新演进阶段。

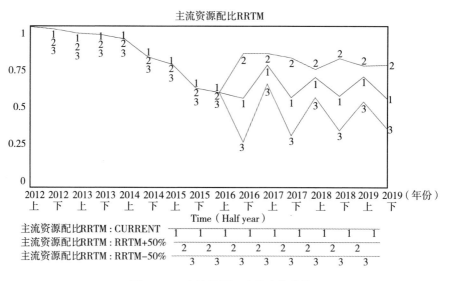

图 6 − 13　主流资源配比的变化趋势

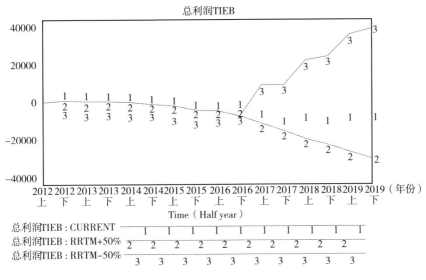

图 6 - 14　资源配置变化对总利润的影响

四、企业创新资源投入组合仿真及资源配置建议

（一）创新资源投入组合仿真

从前述的模拟仿真可以发现，HY 公司正处于主流步入衰退和新流即将成熟的关键时期。此时，企业的主新流之间资源和管理冲突加大。从整体趋势来看，企业应逐步将重心从主流液压机械转向新流复合材料，管理者面临的问题是创新资源应优先配置到新流创新的哪类投入中？在现有的资源组合情况下，如何改变新流资源配置，以获得好的创新收益。本章通过模拟仿真比较不同类型投入对总利润的灵敏度，以确定企业创新资源优先配置级别，仿真结果如表 6 - 3 所示。

表 6 - 3　　　　　　　　模拟仿真测试方案

		生产投入	管理投入	市场投入	研发投入	测试结果
模拟仿真一	方案 1	-3%	3%	不变	不变	管理投入优先于生产投入
	方案 2	3%	-3%	不变	不变	

		生产投入	管理投入	市场投入	研发投入	测试结果
模拟仿真二	方案3	−3%	不变	3%	不变	市场投入优先于生产投入
	方案4	3%	不变	−3%	不变	
模拟仿真三	方案5	−3%	不变	不变	3%	生产投入优先于研发投入
	方案6	3%	不变	不变	−3%	
模拟仿真四	方案7	不变	3%	−3%	不变	管理投入优先于市场投入
	方案8	不变	−3%	3%	不变	
模拟仿真五	方案9	不变	3%	不变	−3%	管理投入优先于研发投入
	方案10	不变	−3%	不变	3%	
模拟仿真六	方案11	不变	不变	3%	−3%	市场投入优先于研发投入
	方案12	不变	不变	−3%	3%	

结果发现，新流创新资源配置优先度：管理投入＞市场投入＞生产投入＞研发投入

对比各种仿真模拟方案的测试结果，在方案1、方案7、方案9情况下，HY公司总利润水平最高，这三个方案都反映了管理投入是企业未来资源配置的首选；同时，方案3和方案11的总利润水平也比较高，意味着增大市场投入是加速新流成长的另一发力点。仿真结果表明了新流创新资源配置优先度：管理投入＞市场投入＞生产投入＞研发投入，即在获取更多新流创新资源时，企业应优先配置到管理投入和市场投入上。

（二）企业创新资源优化配置建议

1. 调整资源配置结构，重新定位主流创新

企业很难保证现有主流业务的长盛不衰，唯有通过二元创新转型升级，完成内部自我更新或替代，才能实现持续性自主创新，保障企业可持续发展。通过对HY公司现状的剖析，发现其主流业务已进入衰退期，新流业务尽管还未完全成熟并取代主流业务，但是该趋势不可逆转。面对复合材料新兴的市场需求，公司需要对主流资源结构性调整配置。一方面，降低传统液压机械中低端业务的比重，重整销售队伍，精简销售人员，重新梳理售后部门的组织结构和业务流程，以降低成本；并对机械装备业务原来按产品线划分的研发技术人员也进行了重新整合，以提高研发效率。另一方面，集中优质资源拓展高端复合材料装备业务，通过新流创新技术和市场为主流创新发展开

辟新的利润来源，也为二元创新的转换奠定良好基础。

2. 优化资源投入组合，促进新流稳步提升

根据仿真结果所得出的新流创新资源投入优先度，HY 公司应及时优化新流创新资源投入组合，一方面，加大管理投入和市场投入比例，增强新流创新管理能力和市场开拓能力；另一方面，适当降低生产投入和研发投入比例，转而提升生产劳动生产率和研发成果转化率。从企业实际情况来看，HY 公司在新流复合材料领域的研发、生产上都已投入较多资源，形成较高的技术水平和产品质量，但还需要企业整合各种创新资源、获取外部支持开展新流创新活动，塑造强劲的新流创新管理能力。同时，在市场开拓方面，企业需加大地铁、高铁、水利等公建市场的拓展，并积极与汽车主机厂通过合作开发方式，开拓复合材料车身部件业务。不断优化的创新资源组合，将有利于新流创新加速发展成熟，成为公司主要利润来源，进而完成主新流轨道切换并实现企业创新升级与可持续发展。

3. 拓展资源获取渠道，保障创新持续开展

仿真结果显示：企业如果能在现有基础上增加总资源投入，将对总利润水平的提升有较大帮助。因此，企业不仅要提升现有资源配置的创新性和有效性，还必须想方设法获取更多的外部创新资源。第一，依托企业技术中心为核心，以高校和合作研发机构等为外部节点，以工厂为基地，将创意产生、基础研究、实验开发以及工业示范与应用紧密联系起来，形成企业持续获取相关设备、特定技术或功能、创造性技艺等资源的有效来源。第二，不仅通过在市场销售产品或者提供服务获取创新资金，也从金融机构和政府部门获取部分的创新补助资金，形成广泛意义上的资金来源。第三，通过战略联盟或者一体化战略，加强与上下游企业的合作关系，形成一体化生产或分销体系等系统性财产资源。第四，作为上市公司，HY 公司应有效利用资本市场获取更多募集资金，深入布局新流复合材料制品新兴应用领域，完善公司产业链。多方位的资源获取方式，将为 HY 公司二元创新活动的可持续开展提供了强有力的资源保障。

第四节　总　　结

本章针对企业二元创新面临的创新资源配置现实问题，通过构建系统动

力学模型，并深入跟踪典型企业二元创新实践，搜集详细数据资料，进而模拟仿真比较不同类型创新投入对总利润的灵敏度，以确定企业创新资源优先配置级别及最佳投入组合，为企业加速二元创新演进提供决策参考。本章所构建的系统动力学模型及其应用，也为其他企业创新资源优化配置提供一种量化的方法和有效的辅助决策手段。然而，由于获取企业全面数据的难度很大，部分仿真参数设置直接借鉴现有研究成果，采用常量参数进行简化。此外，还有一些系统延迟变量缺乏数据，未能在模型中很好地表现出来。未来需要进一步深入企业，长期跟踪企业发展，与企业管理人员共同协商，构建更加精准的系统动力学模型，为企业推动二元创新顺利演进提供行之有效的决策参考。

第三篇
基于主体建模的二元创新资源配置仿真研究

NetLogo 作为基于主体建模（Agent-Based Modeling，ABM）的重要实现工具，可以实现社会科学领域的"计算仿真"，它通过模拟有限空间内微观个体的互动，从而将宏观社会的现象呈现出来。目前，NetLogo 已广泛应用于社会学、公共卫生、新闻传播、企业创新管理等诸多社科领域。本篇将首先对基于 NetLogo 的主体建模构成五要素进行较为详细的阐述，继而针对二元创新资源配置难题，基于主体建模方法，构建了考虑随机性的多主体创新资源配置仿真模型，并制定多主体交互中的企业行为规则和消费者行为规则，利用 Netlogo 软件开展模拟仿真，进行可靠性检验和灵敏度分析。最后，将领导风格和资源柔性纳入二元创新资源配置动态模型，并在考虑风险和不确定性的条件下开展模拟仿真，研究结果可以为企业制定二元创新资源配置决策提供参考。

第七章　基于 NetLogo 的主体建模构成要素

　　基于主体建模（ABM）的思想，可以在 NetLogo 中创建不同的主体以及环境，以规则定义其属性，并界定主体—主体和主体—环境交互规则，从而实现对复杂系统的模拟。当然，这种对 ABM 的描述过于简化，一个基于主体建模的模型，主要组成部分是主体（Agent）、环境（Environment）和交互（Interaction）。主体是模型的基本本体单元，而环境是主体所生活的世界。主体和环境之间的区别可以是相对的，因为环境有时也可以被定义为主体。交互作用可以发生在主体之间，也可以发生在主体和环境之间。主体也可以只在其内部产生行动，但只直接影响主体的内部状态。环境不仅是被动的，它还可以主动变化。除了以上三个基本要素，还有两个附加要素。第一个称为观察员/用户界面（Observer/User Interface）。观察员是一个特殊主体，可以访问所有其他主体和环境。观察员要求主体执行具体任务。基于主体建模的用户可以通过用户界面与主体进行交互，这使用户能够告诉观察员模型应该做什么。第二个要素是进程（Schedule），是观察员用来告诉主体什么时候行动。时间表通常也涉及用户交互。在 NetLogo 模型中，用户先后按下界面中的 Setup 和 Go 按钮，各种交互在事先设定的规则下开始运行。

　　为方便理解，本章使用来自 NetLogo 官网公布的经典模型来举例。例如，大多数人认为交通拥堵是由交通事故、雷达陷阱及其他形式的交通改道造成的。但在交通基础模型仿真中发现，尽管没有上述障碍，交通仍然堵塞，原因在于当汽车加速并接近前面的汽车时，它们不得不减速，导致后面的汽车减速，从而产生向后的涟漪效应。当拥堵车流中前面的汽车再次移动时，跟随其后的汽车仍无法移动，因此即使车流开始向前移动，也会导致交通堵塞向后移动，如图 7 - 1 所示。

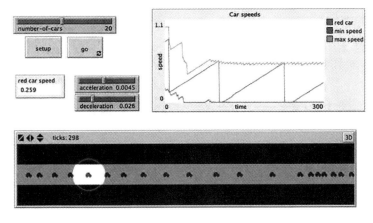

图 7 - 1　交通基础模型

注：本章图示源自 NetLogo 官网模型库，后文不再赘述。

第一节　主　体

主体是基于主体建模的基本单元。因此，对主体的设计是非常重要的。定义主体的两个主要方面是它们拥有的属性和它们可以执行的操作（有时称为行为或方法）。主体属性是主体的内部和外部状态，是有关主体的数据和描述。主体行为是主体可以做的。此外，还有几个与主体设计相关的问题。首先是主体"粒度"的问题：哪一个对所选择的模型最有效？例如，如果你是在模拟一个政治系统，你是否想把个人行为者或政治机构，甚至每个国家的政府作为一个主体来建模？第二个要考虑的因素是主体认知。主体是否有能力观察它们周围的世界并做出决定？它们是否以刺激反应的方式行事？或者它们计划自己的行动？最后，还有一些特殊类型的主体：不完全明确规定的原主体，以及由其他主体组成的元主体。

一、属性

主体属性描述主体的当前状态，是在查看主体时所能看到的条目。例如，如果想在"交通基础模型"中查看其中一辆汽车，将看到（在主体的本地环境的图形图像下）图 7 - 2 中描述的属性列表。此列表包含两组属性。第一组是每只海龟（turtle）在 NetLogo 中创建的标准属性集：WHO、COLOR、

HEADING、XCOR、YCOR、SHAPE、LABEL、LABEL - COLOR、BRED、HID-DEN?、SIZE、PEN - SIZE 和 PEN - MODE。瓦片（Patches）和链接（links）也有一组默认的属性。例如，瓦片的属性有 PXCOR、PYCOR、PCOLOR、PLABEL 和 PLABEL - COLOR，链接则包含 END1、END2、COLOR、LABEL、LABEL - COLOR、HIDDEN?、BRED、THICKNESS、SHAPE 和 TIE - MODE 等属性（所有这些属性在"NetLogo 用户手册"中均有详细描述）。

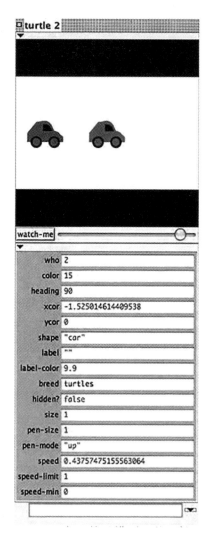

图 7 - 2　交通基础模型主体属性

在 NetLogo 中，海龟和链接有 COLOR 作为属性，而瓦片有 POLOR 作为属性。同样，海龟具有 XCOR 和 YCOR 作为属性，而瓦片具有 PXCOR 和 PY-COR。为了方便，海龟可以直接访问它们当前瓦片的基本属性。例如，对于海龟将其颜色设置为底层瓦片的颜色（有效地使其不可见），海龟只需执行 SET COLOR PCOLOR。如果瓦片属性的名称与 turtle 属性相同，这将不起作用，因为代码描述的是哪个 COLOR 会产生混淆。只有海龟才能直接访问瓦片属性，因为海龟只能在一个瓦片上。链接可以跨越多个瓦片，并且总是连接到多个海龟，因此如果要在链接程序中调用瓦片属性，必须指定哪个瓦片。同样，如果想在海龟或瓦片程序中调用链接属性时，必须指定所指的链接。此外，瓦片不能直接访问海龟或链接属性，因为瓦片上可能有 0、1 或许多海龟或链接。因此，必须明确在访问它们的属性时所指的是哪个海龟或链接。

在观察员窗口中，主体的默认属性首先出现，例如 WHO、COLOR、LA-BEL 等。然后是自定义的属性，如 SPEED、SPEED – LIMIT、SPEED – MIN（如图 7 – 2 所示）。这些自定义的属性应该在与模型关联的信息表中以及在程序代码中的注释描述。对于该模型，SPEED 描述了汽车的当前速度，SPEED – LIMIT 是汽车的最大速度，SPEED – MIN 是汽车的最小速度。当交通基本模型启动时，所有这些属性都在 SETUPCARS 过程中设置：

set speed 0. 1 + random – float. 9   ;;设定速度 =0. 1 +随机浮动(0 – 0. 9)

set speed – limit 1   ;;设置速度限制 1

set speed – min 0   ;;设置最小速度 0

将 SPEED – LIMIT 和 SPEED – MIN 设置为常量值，这意味着该模型中的所有汽车都将具有相同的 SPEED – LIMIT 和 SPEED – MIN。然而，SPEED 被设置为一个常量值加上一个随机浮动的值。这将导致所有的汽车至少有 0. 1 的速度，最多只有不到 1. 0 的速度，但每辆车都会有不同的速度。两辆车有可能具有完全相同的速度，但这将需要两辆车产生相同的随机浮点数，这是小概率事件。

汽车速度初始化方法可以使用均匀分布。因此，速度为 0. 2 的汽车和速度为 0. 9 的汽车一样多。然而，如果希望所有主体对于属性都具有大致相同的值，但又有一些变化。因此，更常见方法是使用正态分布随机变量而不是单一分布随机变量设置属性。例如，在 Traffic Basic 模型中，可以重新设置速度：

set speed random – normal 0. 5 0. 1

上式设定汽车速度符合正态分布，均值 0.5，标准差 0.1，即 67% 的汽车的速度在 0. 4 ~ 0. 6；97% 的汽车的速度在 0. 3 ~ 0. 7；99% 的汽车的速度在 0. 2 ~ 0. 8。如果将标准差从 0. 1 改为 0. 2，那么平均速度偏离 0. 5 的概率会更高。

此外，初始化主体属性的也可以从列表或数据文件中设置值。例如，如果试图复制交通模式的特定实例，那么可以将所有汽车的初始速度存储在一个列表中，然后从这个列表中初始化每个主体。这种方法能够重新创建特定的经验示例和应用程序。

还可以在模型运行期间更改主体属性。例如，在"交通基础模型"中，前面提到的速度参数在模型的整个运行过程中被修改，以增加和降低速度，因为汽车能够移动。在 SPEEDUP – CAR 过程中，速度增加：

set speed speed + acceleration　　　;; 设定汽车速度 = 速度 + 加速

因此，属性定义了主体的当前状态，但它们也可以更改，反映了状态会随着模型的进展而变化。

二、行为

除了定义主体属性之外，还需要定义主体可以如何行为（它可以采取的操作）。主体的行为或行为是主体可以改变环境、其他主体或自身状态的方式。在 NetLogo 中，有许多行为是为主体预定义的。所有这些预定义行为的列表太大，无法在这里迭代，但它包括诸如 FORWARD、RIGHT、LEFT、HATCH、DIE 和 MOVE – TO 等操作。（对于 NetLogo 中预定义行为的完整列表，可以在 NetLogo 字典中查看 Turtle、Patch 和 Link 的类别。）与可以通过观察员窗口查看的属性不同，这是找出主体具有哪些预定义行为的唯一方法。还可以定义主体在特定模型中执行的新行为。例如，在交通基础模型中，主体有两个额外的行为，它们可以执行 SPEED – UP – CAR 和 SLOW – DOWN – CAR – 这两个行为，从而修改主体的速度：

```
;; turtle procedure
to slow – down – car
set speed speed – deceleration
end
;; turtle procedure
to speed – up – car
set speed speed + acceleration
end
```

除了加速或减速外，每辆车都根据限速来调整速度，并总是根据速度向前移动。在"交通基本模型"中，该操作的代码位于主 GO 过程中：

```
let car – ahead one – of turtles – on patch – ahead 1
ifelse car – ahead！= nobody
[ slow – down – car ]
;; otherwise,speed up
[ speed – up – car ]
;; don't slow down below speed minimum or speed up beyond speed limit
if speed < speed – min[ set speed speed – min ]
if speed > speed – limit[ set speed speed – limit ]
fd speed ]
```

每辆车首先检查前方是否还有一辆车。如果有，它就会减速不超过前车速度，确保它不会撞到前面的车。否则加速（但绝不超过限速）。主体动作是一种相互作用，因为每辆汽车都通过感知自己和其他车的速度，来改变自己的状态与另一辆汽车相互作用。相反，如果汽车减速，这将迫使后面的汽车也减速，表示每个主体的动作影响其他主体的动作。

可以看到，汽车改变了自己的内部状态，也影响了其他汽车的状态。同样地，也可以想象汽车如何影响它们正在行驶的道路，从而影响模型的环境。例如，道路上的交通量越多，道路上的磨损就越大，因此可以在道路的瓦片中添加一个 WEAR 属性，然后添加一个 WEAR – DOWN 程序，表示道路随着时间的推移产生磨损。而道路的磨损程度也将反过来影响汽车在这段道路上达到的最高速度。

三、主体集合

主体通常分为三种类型：可以移动的主体、不能移动的固定主体，以及连接两个或多个其他主体的主体。在 NetLogo 中，海龟是移动主体，瓦片是固定主体，链接是连接主体。从几何角度来看，海龟通常被视为没有形状的区域点，尽管它们可以用不同的形状和大小表征。因此，即使一只海龟看起来足够大，可以同时在几个瓦片上，它也只包含在海龟中心的瓦片中（属性由 XCOR 和 YCOR 给出）。瓦片有时被用来表示被动环境，并由移动主体执行；其他时候，它们可以采取行动并执行操作。瓦片和海龟的一个主要区别是瓦片不能移动。瓦片占据着"世界"中一个被定义的空间/区域；因此，一个瓦片可以包含多个位于其上的海龟主体。链接连接两个海龟，通常用来表示海龟之间的关系，也无法移动自己。海龟是链接的"端点"，当海龟移动时，从视觉上看，链接会移动。链接还可以代表环境，例如，链接可以定义为主体行动的运输路线，或代表友谊/沟通渠道。

除了这三种预定义的主体类型外，建模者还可以创建自己的主体类型，也就是主体种类（BREEDS）。在交通基本模型中，所有主体都是相同类型的（海龟），因此不需要区分不同的主体种类，这是 NetLogo 中默认的种类。如果不同的主体具有不同的属性或行为，则需要不同种类的主体。

主体集是主体的特定集合，其中集合由其主体的属性和操作的类型定义。此外，还可以用其他方式定义主体集合。NetLogo 使用术语 Agentset 来定义无序的主体集合。模型中可以通过归类具有共同之处的主体（例如主体位置或其他属性），或者通过随机选择另一个主体集的子集。

在交通基础模型中，创建一组速度超过 0.5 的所有汽车主体，在 NetLogo 中，这通常是用 WITH 原语完成的：

```
let fast – cars turtles with [ speed > 0.5 ]
```

　　然而，如果想让这些海龟做一些具体的事情，例如，要求所有高速的海龟把它们的尺寸设置得更大，这样它们就更容易看到。

```
let fast – cars turtles with[ speed >0. 5]
ask fast – cars[
set size 2. 0
]
```

　　上面的"let"命令将高速行驶的汽车归总到一个主体集中。如果不打算再次"talk to"这个主体集，可以不使用 LET，而是直接询问海龟：

ask turtles with [speed >0. 5] [set size 2. 0]

　　如果把这个代码插入模型，就会看到所有的汽车都很大。这是因为模型没有告诉海龟，一旦它们的速度降到 0. 5 以下，它们的大小就会再变小。为此，需要使用另一个请求：

```
ask turtles with[ speed >0. 5][ set size 2. 0]
ask turtles with[ speed < =0. 5][ set size 1. 0]
```

　　另一种实现相同目标的方法，在不创建主体集的情况下，是要求所有的海龟做一些事情，但根据它们的特性选择它们采取什么行动。在前面的例子中，所有较快的海龟都在任何较慢的海龟之前采取了行动。在下面的示例中，所有主体都使用相同的 ASK 命令进行询问，因此海龟采取行动的顺序将是随机的。在这种情况下，运行代码的结果将是相同的（取决于主体采取的操作，如果它们要改变速度，而不是大小，结果可能是不同的）。

```
ask turtles[ ifelse speed >0. 5[ set size 2. 0][ set size 1. 0]]
```

　　另外，可以通过基于位置的命令来实现：

```
let car – ahead one – of turtles – on patch – ahead 1
```

ifelse car – ahead ！ = nobody

[slow – down – car]

TURTLES – ON PATCH – AHEAD1 创建了当前汽车前面瓦片中所有汽车的主体集。它至少有一辆这样的车，然后随机选择其中一辆车，使用 ONE – OF 原语，并将当前汽车的速度设置为略小于前面那辆车的速度。有许多其他方法可以根据它们的位置访问主体集合，例如使用 NEIGHBORS、TURTLES – AT、TURTLES – HERE 和 IN – RADIUS。

有时也会创建一组随机选择的主体，这些主体不以任何特定的方式相关，而只是执行某些操作的主体集合。在 NetLogo 中，这样做的主要程序是 N – OF。

四、主体粒度

在设计基于主体的模型时，首先要考虑的一个问题是，应该在多大的粒度上创建主体，这决定了所建立的模型中的主体处于多大的复杂性水平。如果将复杂度划分为原子、分子、细胞、人类、组织或政府层次。主体粒度就是考虑将某一个层次的点作为模型的主体。例如，如果将基于主体模型中的主体视为人，即模型中的每个人都应该有主体；如果分析国家政府间的交互作用，那么应该将每个政府建模为主体。

那么，如何选择模型中主体的复杂性级别呢？指导方针是选择主体，使它们代表基本的互动水平，与所研究的问题有关。例如，在艾滋病模型中，通过不代表实际的艾滋病病毒主体，可以评估疾病通过人口而不是在一个人体内的发展的传播。相反，通过观察肿瘤模型中的细胞，能够以更高的分辨率检查细胞相互作用。主体建模中，选择合适的粒度是开发成功的 ABM 的关键。同样重要的是，主体粒度具有可比性，或者说主体应该在大致相同的时间尺度上操作，并且应该在模型中具有大致相同的物理存在。如果主体不是在相同的尺度上，仍然可以将它们包含在同一个模型中，但需要调整模型行为。

五、主体认知

主体具有不同的属性和行为。然而，主体如何检查它们的属性和周围的世界来决定采取什么行动？这个问题可以通过主体认知的决策过程来解决的。

常见的几种类型的主体认知包括：反射主体、基于效用的主体、基于目标的主体和自适应主体。通常，这些类型的认知被认为是越来越复杂的顺序，反射主体是最简单的，适应性主体是最复杂的。并且各种类型可以混合和匹配，例如，有可能存在一个基于效用的自适应主体。

（一）反射主体

反射主体是围绕非常简单的规则构建的，它们使用 IF – THEN 规则对输入作出反应并采取行动。例如，交通基础模型中的汽车是反射主体，控制它们行为的代码：

```
let car – ahead one – of turtles – on patch – ahead 1 ; ; choose a car on the patch ahead
ifelse car – ahead ！ = nobody [ ; ; if there is a car ahead
slow – down – car car – ahead ; ; set car speed to be slower than car ahead
]
[ ; ; otherwise , speed up
speed – up – car ; ; increase speed variable by the acceleration
]
fd speed ]
```

（二）基于效用的主体

这个代码中，如果一辆汽车的前面有车，那么减速到前车速度以下；如果前面没有车，那么加速。这是一个基于程序状态的反射动作，因此命名为反射主体。这是主体认知的最基本形式（也往往是一个很好的起点），但有可能使主体认知更加复杂。例如，可以根据汽车的行驶速度为汽车提供油箱和燃油效率，以此来详细阐述这个模型。然后可以让汽车改变速度，以提高燃油效率。因此，这些主体可能不得不在不同的时间加快和放慢速度，以尽量减少油耗，并保证安全驾驶。这种决策过程就是一种基于效用的主体认知形式，在这种认知中，它们试图最大限度地发挥效用函数，即它们的燃料效率。为了实现这种主体认知模型，考虑了汽车燃油效率的程序如下：

```
; ; choose a car on the patch ahead
```

```
let car – ahead one – of turtles – on patch – ahead 1
ifelse car – ahead ! = nobody[ ;; if there is a car ahead
slow – down – car car – ahead ;; set car speed to be slower than car ahead
]
[ ;; otherwise,adjust speed to find ideal fuel efficiency
adjust – speed – for – efficiency ]
```

可以通过 ADJUST – SPEED – FOR – EFFIENCY 程序，让汽车保持在最大燃油效率的速度。如果它不是以最有效的速度，这个认知逻辑让汽车自动调整速度。此外，如果汽车要撞上前面的车，它仍然需要减速。同时，效用程序函数包括一个效用函数，即任何导致撞车的操作都是零效用。因此，可以留下前面的"撞车之前减速"的代码，并在没有前车的情况下，增加 ADJUST – SPEED – FOR_EFFICIENCY 代码：

```
;; car procedure
to adjust – speed – for – efficiency
if ( speed ! = efficient – speed )[ ;; if car is at efficient speed,do nothing
if ( speed + acceleration < efficient – speed )[
;; if accelerating will still put you below the efficient speed then accelerate
set speed speed + acceleration
] ;;
;; if decelerating will still put you above the efficient speed then decelerate
if ( speed – deceleration > efficient – speed )[
set speed speed – deceleration
]
]
end
```

（三）基于目标的主体
想象一下，交通网格模型中的每一辆车都有一个家和一个工作地点，目标是在合理的时间内从家里移动到工作地点。现在，不仅主体必须能够加速和减速，而且它们也必须能够左转和右转。在这个版本的模型中，汽车是基于目标的主体，因为它们有一个目标（上下班），它们正在使用这个目标来支配它们的行动。

如果修改交通网格模型，以便每辆车都有一个房子和一个工作地点，并希望这两个地点都毗邻道路。由于网格的背景是棕色的阴影，首先创建一个主体集合涵盖所有与道路相邻的棕色瓦片（道路是白色的）。这些瓦片是主体可能的房屋和工作地点。

```
let goal - candidates patches with[ pcolor = 38 and any?
neighbors with[ pcolor = white ] ]
```

然后，创建汽车时，每辆汽车将其房屋设置为主体集合中的随机瓦片，其工作位置为主体集合的其他任何瓦片。

```
set house one - of goal - candidates
set work one - of goal - candidates with[ self ! = [ house ] of myself ]
```

与汽车相关的 GO 程序部分看起来如下：

```
; ; set the cars' speed this tick , cars move forward an amount equal to their speed
; ; record data for plotting , and set the color of the cars to either dark blue or cyan
; ; based on their speed
ask turtles[
set - car - speed
fd speed
record - data ; ; Record data for plotting
set - car - color ; ; Set color to indicate speed
]
```

为了实现基于目标的主体模型，需要首先定义汽车将用于在两个期望目的地之间导航的过程。新的汽车主体不像交通基础模型中的汽车那样只会直线行驶，而是会判断哪一条相邻的道路瓦片最接近其目的地，然后朝这个方向行驶。可以在 NEXT‑PATCH 中这样做：首先，每辆车都检查它是否达到了它的目标，如果达到了，就切换它的目标。

```
;; if I am going home and I am on the patch that is my home
;; I turn around and head towards work ( my goal is set to "work" )
if goal = house and patch – here = house [
set goal work
]
;; if I am going to work and I am on the patch that is my work
;; I turn around and head towards home ( my goal is set to "home" )
if goal = work and patch – here = work [
set goal house
]
```

上面的代码还存在一定的问题，这是因为房子和工作都不是在路线上，而汽车在道路上，所以"patch – here = house"或"patch – here = work"的条件永远不会满足。把房子和工作靠近道路时，可以通过汽车检查它是否就在它的目标旁边来解决这个问题。

```
;; if I am going home and I am next to the patch that is my home
;; I turn around and head towards work ( my goal is set to "work" )
if goal = house and ( member? patch – here [ neighbors4 ] of house ) [
stay set goal work
]
;; if I am going to work and I am next to the patch that is my work
;; I turn around and head towards home ( my goal is set to "home" )
if goal = work and ( member? patch – here [ neighbors4 ] of work ) [
```

```
stay set goal house
]
```

在建立了一个目标后，每辆车选择一个相邻的瓦片移动到最接近它的目标。它通过选择要移动到（道路上相邻的瓦片）的候选瓦片来做到这一点，然后选择最接近其目标的候选瓦片。

由此产生的 NEXT – PATCH 过程是：

```
;; establish goal of driver
to – report next – patch
;; if I am going home and I am next to the patch that is my home
;; I turn around and head towards work ( my goal is set to "work")
if goal = house and ( member? patch – here[ neighbors4] of house)[
stay set goal work
]
;; if I am going to work and I am next to the patch that is my work
;; I turn around and head towards home ( my goal is set to "home")
if goal = work and ( member? patch – here[ neighbors4] of work)[
stay set goal house
]
;; CHOICES is an agentset of the candidate patches which the car can
;; move to ( white patches are roads,green and red patches are lights)
let choices neighbors with[ pcolor = white or pcolor = red or pcolor = green]
;; choose the patch closest to the goal,this is the patch the car will move to
let choice min – one – of choices[ distance[ goal] of myself]
;; report the chosen patch
report choice
end]
```

有了这个程序，可以修改 GO 程序，要求每辆车现在在它们的家庭和它们的工作之间移动。

```
ask turtles
[
;; head towards the patch that is closest to your goal
face next - patch
set - car - speed
fd speed
set - car - color
]
```

但是，这样设定的程序中，有目标导向的汽车主体是通过直接距离（如鸟飞）来测量接近它们的目标的距离，而不是通过跟随道路来测量距离。因此，汽车往往会被困在同一条道路上来回行驶，而不是绕一个街区。后续可以探索更智能、更复杂的规划，使主体能够更可靠地实现它们的目标。

（四）自适应主体

基于主体的建模的一个强大优点是主体不仅可以改变它们的决策，而且可以改变它们的策略。自适应主体是一种基于先验经验可以改变策略的主体。与传统主体不同的是，当呈现相同的情况时，自适应主体也会做同样的事情，如果给定相同的输入集，则自适应主体可以做出不同的决策。在交通基础模型中，汽车并不总是采取相同的行动；它们的操作方式是基于周围的汽车，要么减速，要么加速。然而，无论汽车过去发生了什么（即它们是否被困在交通堵塞中），它们将继续在同样的条件下采取同样的行动。为了真正适应环境，汽车主体不仅需要能够及时改变它们的行动，而且还需要改变它们的策略。因为它们在过去遇到过类似的情况，它们可以根据它们过去的经验做出不同的反应。换句话说，主体从它们过去的经验中学习，并在未来改变它们的行为，以解释这种学习。例如，汽车主体可以观察到，在过去，当前方车辆距离为五块瓦片时，它开始刹车，从而导致更多等待时间。在未来，它可能会改变它的刹车规则，即前车距离为四块瓦片时才进行刹车。这样的主体就是自适应主体，因为它不仅修改了它的操作，而且修改了它的策略。

在交通模型中，适应性认知的另一个例子是让主体学习最佳加速率以保持最高速度。可以通过改变交通基础模型中 GO 过程中的代码来实现这种主体认知形式：

```
to adaptive - go
;; check to see if we should test a new value for acceleration this tick
let testing? false
if ticks mod ticks - between - exploration = 0[
set testing? true
;; choose new value for acceleration, slightly different from current acceleration
set acceleration acceleration + ( random - float 0. 0010) - 0. 0005
]
;; run the old go code
go
;; check to see if our new speed of turtles is better than the previous speeds
;; if so, then adopt the new acceleration
ifelse mean[ speed ] of turtles > best - speed - so - far and testing? [
set best - acceleration - so - far acceleration
set best - speed - so - far mean[ speed ] of turtles
]
[
sct accclcration bcst - accclcration - so - far
]
if not testing? [
;; you don't want to take one data point as a measure of the speed. Instead you
;; calculate a weighted average of past observed speed and the current speed.
set best - speed - so - far (0. 1 ∗ mean[speed] of turtles) + (0. 9 ∗ best - speed - so - far)
]
end
```

虽然代码看起来很复杂，但它很简单。本质上，汽车使用到目前为止发现的最佳加速度，除非它们在一个时间单位（tick）中，探索出一个新的加速度值，如 TICKS – BETWEEN – EXPLATION 所指定的。随着时间的推移，汽车保持一个加权平均的速度，它们能够保持在最佳加速度；如果新的加速度允许更快的速度，汽车将切换到使用新的加速度。这个最佳加速度的平均值比现在的速度（0.1）高（0.9），这说明你偶尔会得到虚假的结果（噪音）。因此，与其依赖一个特定的数据点，不如依赖大量的数据。然而，代码仍然允许最好的加速变化，这意味着即使环境发生变化（例如，更多的汽车在路上，更长的道路等。）这辆车能适应新的形势。

除了上述已经讨论过的基本认知类型外，还有更先进的主体认知方法。最好的方法之一是将基于主体的建模与机器学习相结合。机器学习是人工智能的一个领域，它涉及到赋予计算机适应周围世界的能力，并学习对给定的一组输入采取什么行动。通过赋予主体使用各种机器学习技术的能力，如神经网络、遗传算法和贝叶斯分类器，它们将更多信息纳入决策过程，从而改变它们的行动，这些都将赋予主体更复杂的认知水平。

第二节　环　　境

主体建模另一个关键是如何设计环境。环境是指主体周围的条件，在模型中，二者相互作用。环境可以影响主体决策，反过来，也受到主体决策的影响。例如，NetLogo 模型库中的蚂蚁模型，蚂蚁在改变的环境中留下信息素，进而改变蚂蚁的行为。在 ABM 中有许多不同类型的环境是常见的。接下来，介绍几种最常见的环境类型。

在讨论环境的类型之前，重要的是要提到环境本身可以以多种方式实现。首先，环境可以由主体组成，这样环境的每个单独部分都可以有一套完整的属性和操作。在 NetLogo 中，这是默认的环境由瓦片的主体集合表示。这允许环境的不同部分具有不同的属性，并根据它们的本地交互作用采取不同的行动。第二种方法将环境表示为一个大型主体，具有一组全局属性和操作。此外，还可以在 ABM 工具包之外实现环境。例如，可以由地理信息系统工具包处理，也可以由社会网络分析工具包处理，而 ABM 可以与该环境进行交互。

一、空间环境

基于主体的模型中，空间环境通常有两种：离散空间和连续空间。在数学表示法中，在任意一对点之间的连续空间中，存在另一个点；而在离散空间中，虽然每个点都有一个相邻点，但确实存在一对其间没有其他点的点，因此每个点与每个其他点分开。然而，当在 ABM 中实现时，所有连续空间都必须作为近似来实现，因此连续空间被表示为离散空间，其中点之间的空间非常小。应该注意的是，离散空间和连续空间都可以是有限的，也可以是无限的。然而，在 NetLogo 中，尽管有可能实现无限空间，但经常使用的是有限空间。

在 ABM 中使用的最常见的离散空间是格栅图（有时也称为网格图），环境中的每个位置都连接到规则网格中的其他位置。例如，环形方格中的每个位置都有一个相邻的位置：向上、向下、向左和向右。如前所述，NetLogo 中最常见的环境表示是瓦片，它们位于 ABM 世界的二维格栅上。

方格是 ABM 环境中最常见的类型。方格是由许多小方格组成的，类似于数学教室中使用的方格纸。正方形格栅上有两种经典类型的邻域：冯·诺依曼邻域，由位于基本方向的四个邻居组成（见图 7 - 3 左）；摩尔邻域，由 8 个相邻的细胞组成（见图 7 - 3 右）。半径为 1 的冯·诺依曼邻域中，每个细胞有四个邻居：上、下、左和右。摩尔邻域中，每个单元格在八个方向上有八个邻居，它们侧面或一个角落：上、下、左、右、上—左、上—右、下—左和下—右。

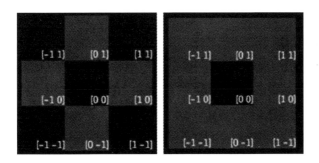

图 7 - 3 冯·诺依曼邻域和摩尔邻域

邻域可以扩展到半径大于 1 的邻域。例如，半径 2 的摩尔邻域将有 24 个邻居，而半径 2 的冯·诺依曼邻域将有 8 个邻居。

十六进制格比方格有一些优点。正方形网格中单元的中心比其他相邻单元的中心更远（如图 7 - 4 所示）。然而，在十六进制格栅中，细胞中心与所有相邻细胞之间的距离是相同的。此外，六边形是覆盖平面的边缘最多的多边形，对于某些应用，这使得它们成为最好的多边形。这两种差异（中心之间的等距和边数）意味着十六进制格栅比正方形格栅更接近连续平面。但是，由于平方格与笛卡尔坐标系的匹配更密切，平方格是一种更简单的结构，即使六角格也更好，许多 ABM 和 ABM 工具包仍然使用平方格。

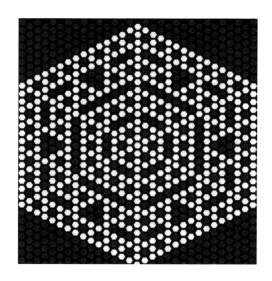

图 7 - 4　十六进制单元示例

（一）连续或离散空间

在连续空间中，空间中不存在单元或离散区域的概念。相反，空间内的主体位于空间中的点。这些点可以小到分辨率所允许的最大限度。在连续空间中，主体可以顺利地在空间中平稳移动，穿过起点和终点之间的任何点，而在离散空间中，主体直接从一个单元中心移动到另一个单元中心。因为计算机是离散的机器，所以不可能精确地表示一个连续的空间。然而，可以用非常高的分辨率来代表它。换句话说，所有使用连续空间的 ABM 实际上都使用非常精细的离散空间。只要分辨率够高，通常情况下足以满足大多数目的。

NetLogo 并不要求提前指定是使用连续空间还是离散空间。模型开发人员可以编写利用任何空间形式的代码。许多 NetLogo 样本模型实际上同时使用离散矩形格子和连续平面。例如，交通基础模型将汽车表示为存在于空间中的点，但使用预先瓦片（即矩形格子）来确定汽车是否应该加速或减速。

（二）边界条件

在处理空间环境时，另一个关键因素是如何处理边界，这个问题对于十六进制和平方格和连续空间都是如此。如果一个主体到达世界最左边的边界，想走得更远，会发生什么？这个问题有三种标准方法，称为环境拓扑：（1）重新出现在格栅的极右侧（环形拓扑）；（2）不能再向左（有界拓扑）；（3）可以永远向左（无限平面拓扑）。

环形拓扑是指所有边缘都以规则的方式连接到另一个边缘的拓扑。在一个矩形格子中，世界的左侧与右侧相连，而世界的顶部与底部相连。因此，当主体从一个方向离开世界时，它们就会出现在另一边。一般来说，使用环形拓扑意味着建模器可以忽略边界条件，这通常使模型开发更容易。如果这个世界是非环形的，那么建模者必须制定特殊的规则来处理主体在世界上遇到边界时该做什么。在一些空间模型中，这种问题是通过主体转身并后退一步来解决的。

有界拓扑是一种不允许主体超越世界边缘的拓扑。这种拓扑是一些环境的更现实的表示。例如，如果你在模拟农业实践，一个农民能够继续驾驶拖拉机向东，然后回到田野的西侧是不现实的。使用环面环境可能会影响犁田所需的燃料量，因此这种情况下有界拓扑可能是一个更好的选择。在交通基本模型中，汽车只从左到右行驶，世界的顶部和底部是有界的汽车在这个模型中不上下行，而左和右被包裹（实际上，一个圆柱形拓扑）。在 NetLogo 中，可以在模型设置对话中指定每个边界集（南北或东西）是有界的还是包装的。

最后，无限平面拓扑是一个没有边界的拓扑。换句话说，主体可以永远地向任何方向移动和移动。在实践中，可以从一个较小的世界开始，每当主体超越世界的边缘，世界就会扩大。有时，如果主体真正需要在更大的世界中移动，无限平面可能是有用的。虽然一些 ABM 工具包为无限平面拓扑提供内置支持，但 NetLogo 没有。通过给每只海龟一个独立的 x 和 y 坐标对来克服这个限制是可能的。然后，当主体从世界的一侧移动时，可以隐藏海龟，并继续更新这组附加的坐标，直到主体移动到视图上。然而，在大多数情况下，环形或有界拓扑是更合适（也更简单）的选择。

二、基于网络的环境

在许多现实世界的情况下，特别是在社会背景下，主体之间的相互作用不是由自然地理定义的。例如，谣言不会在个人之间以严格的地理方式传播。如果我打电话给我在俄罗斯的一个朋友，告诉她一个消息，它就会传播到俄罗斯，而不会经过俄罗斯和我之间的所有人。在许多情况下，可以通过使用基于网络的环境进行通信（见图 7-5 和图 7-6）。使用基于网络的环境，可以通过在模型中表示每个人的主体之间绘制链接来表示我在国外的朋友。链接是由它连接的两端定义的，它们通常被称为节点。

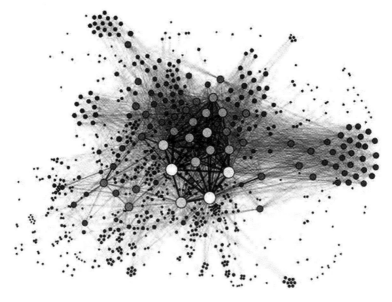

图 7-5 国际联盟人员共享的档案文件网络

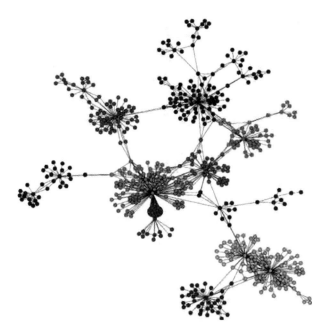

图 7 - 6　学校研究人员之间的合作

在 NetLogo 中，链接是独立的一种主体类型，就像瓦片一样。链接可以是信息和环境描述的被动管道，也可以是具有所有属性和行为的完全成熟的主体。前面描述的格子环境可以被认为是网络环境的特殊情况，瓦片是连接到它们的网格邻居的节点。事实上，格栅图本质上是网络中的每个位置看起来与网络中的每个其他位置完全相同。然而，由于概念和效率的原因，ABM 环境通常不将格栅环境实现为网络。此外，使用瓦片作为默认拓扑允许空间的离散或连续表示，而网络总是离散的。

基于网络的环境被发现有助于研究各种各样的现象，如疾病或谣言的传播，社会群体的形成，组织的结构，甚至蛋白质的结构。在 ABM 中有几种常用的网络拓扑。除了前面描述的规则网络之外，最常见的三种网络拓扑是随机的、无标度的和小世界的。

三、特殊环境

上述两种定义环境的方法，都是"交互拓扑"的实例。交互拓扑描述了主体可以在模型中通信和交互的路径。此外，还有其他几个标准拓扑需要考虑：三维世界和地理信息系统（GIS）。三维世界允许主体在第三维度以及传统 ABM 中的两个维度中移动。GIS 可以将真实世界的地理数据层输入ABM 中。

第三节　交　互

ABM 中存在五种基本的交互类型：主体自我交互、环境自我交互、主体—主体交互、环境—环境交互以及主体—环境交互。

一、主体自我交互

主体并不总是需要与其他主体或环境进行交互。实际上，在主体内完成了很多主体自身交互。例如，前述在"主体"部分中讨论的大多数高级认知范例中都涉及主体与其自身的交互。主体考虑其当前状态并决定要做什么。在交通基础模型中，主体决定它们应该以什么速度行驶：

```
ask turtles[
let car – ahead one – of turtles – on patch – ahead 1
ifelse car – ahead！= nobody
[ slow – down – car car – ahead ]
;; otherwise, speed up
[ speed – up – car ]
;; don't slow down below speed minimum or speed up beyond speed limit
if speed < speed – min[ set speed speed – min ]
if speed > speed – limit[ set speed speed – limit ]
fd speed ]
```

如果忽略该代码的开始部分（汽车感测到前方的汽车）和该代码的结束部分（汽车实际行驶的位置），则介于两者之间的所有动作（汽车改变其速度）都是主体自身交互。因为汽车会先查看其当前速度，然后再更改该速度。这是自我主体交互的另一种典型类型，其中主体考虑其可支配的资源，然后决定如何使用它们。

二、环境自我交互

环境自相交互指的是的环境的自我改变。例如，它们可能会改变内部状态变量为 某个计算的结果。环境自我交互的经典例子是草地重新生长：

```
;; regrow the grass
to regrow - grass
ask patches[
set grass - amount grass - amount + grass - regrowth - rate
if grass > 10[
set grass 10
]
recolor - grass
]
end
```

每个瓦片被要求检查自己的状态，并增加它的草量了，如果它的草量超过最大设定值，则草量保持最大值，不会增长。同时，基于瓦片上草量来决定瓦片颜色。

三、主体—主体交互

两种或多种主体之间的相互作用通常是 ABM 中最重要的交互类型。在交通基础模型中：

```
ask turtles[
let car - ahead one - of turtles - on patch - ahead 1
ifelse car - ahead ！ = nobody
[slow - down car - ahead]
```

可以看到，当前的汽车正在感知前方是否有汽车。如果有，它会改变速度以反映前车的速度。在开发 ABM 时，可以试想将主体人格化。也就是说，假设它们有知识，属性或行为是自然而然要被建模的东西。关于主体如何感知周围世界以及如何对信息进行响应的规则一旦被阐释的很清晰，则计算就变得非常简单。

四、环境—环境交互

环境不同部分之间的交互是最常用的类型，基于主体的模型互动。环境与环境的交互有一些常见用途：其中之一是扩散。例如蚂蚁模型，蚂蚁在环境中放置了信息素，然后通过环境与环境的相互作用将其扩散到整个世界。这种相互作用被包含在下面的瓦片的 GO 代码：

```
diffuse chemical ( diffusion – rate / 100 )
ask patches
［ set chemical chemical ＊ （100 – evaporation – rate）/ 100
；；slowly evaporate chemical
recolor – patch ］
```

该代码的第一部分就是环境—环境交互，就是通过 DIFFUSE 命令自动将化学物质从每个瓦片扩散到紧邻的瓦片。该代码的第二部分实际上是环境自我交互。每个瓦片随时间流逝损失了一些化学物质，则改变瓦片颜色。

五、主体—环境交互

主体与环境的交互作用发生在主体操纵或观察其所处的世界的一部分时，或者当环境以某种方式改变或观察主体时。主体与环境交互的最常见类型是主体对环境的观察。蚂蚁模型中，这种交互体现在蚂蚁搜索食物、感知信息素时会观察环境：

```
to look – for – food ；；turtle procedure
if food > 0
```

［set color orange +1 ；；pick up food

set food food – 1 ；；and reduce the food source

rt 180 ；；and turn around

stop ］

；；face in the direction where the chemical smell is strongest

if（chemical ＞ = 0. 05）and（chemical ＜2）

［uphill – chemical ］

end

在蚂蚁模型中，瓦片包含食品和信息素，该代码的第一部分将观察当前瓦片中是否有食物。如果有食物，则蚂蚁会捡起食物，转回巢中，过程停止。否则，蚂蚁会检查信息素大小，继而朝着信息素的方向移动继续搜索食物。

第四节　观察员/用户界面

一、观察员

观察员（Observer）是一个高层次主体，负责用于确保该模型运行。观察员向主体和环境发出命令，告诉它们操纵数据或采取某些措施。模型开发人员使用 ABM 进行的大多数控制都是通过观察员进行的。但是，观察员是一个特殊的主体。尽管它可以像访问任何主体程序或修补程序一样访问全局属性，观察员唯一特性是如何观察世界（看世界的角度）。在 NetLogo 中，可以使用FOLLOW、WATCH 或 RIDE 命令将视图集中在特定的主体上，或将高亮显示在特定的主体上。可以单击视图控制条右上角的 3D 按钮，也可以从 3D 透视图查看 2D NetLogo 世界。在 NetLogo 中，有观察员按钮和主体按钮。观察员按钮告诉观察员做某事。例如，可以创建一个 SETUP 按钮并将以下代码放入其中：

create – turtles100 ［setxy random – xcor random – ycor ］

只有观察员可以运行此代码。不能要求乌龟使用 CREATE – TURTLES 原语来创建乌龟（尽管可以使用 HATCH 来达到相同的效果）。如果想要海龟做点什么，可以创建一个海龟按钮（通过选择海龟的下拉框中的编辑按钮对话框），或者用以下代码：

```
fd random 5 rt random 90
```

还可以创建一个执行相同操作的观察员按钮，但是如果输入完全相同的代码，则会得到一个错误，即只有乌龟才能执行 FD。因此，必须告诉观察员让乌龟做一些事情，上述的代码改成：

```
ask turtles[
fd random 5 rt random 90
]
```

因此，观察员扮演了模型中总监督的角色。通常，在构建模型时，一般通过观察员与模型进行交互。

二、用户界面

（一）按钮和命令中心

ABM 需要一个控制界面或参数组，该界面或参数组允许用户为 ABM 设置不同的参数和设置。最常见的控制机制是按钮，该按钮在模型中执行一个或多个命令。如果它是一个永久按钮，它将继续执行这些命令，直到再次按下该按钮为止。此外，在 ABM 中执行动作的第二种方式是通过命令中心。命令中心是 NetLogo 中非常有用的功能，它允许用户交互式地测试命令，从而操纵主体和环境。提供给模型用户的其他界面控件是数据驱动的，而不是动作驱动的。在数据驱动的界面控件中，可以区分输入控件和输出控件。

（二）输入控件

输入控件包括滑块、开关、选择器和输入框。"滑块"使模型用户可以从一系列数值中选择一个特定值。例如，滑块的范围可以从 0 到 50（以 0.1 为增量）或 1 到 1000（以 1 为增量）。在"代码"选项卡中，可以像对待全局变量一样访问滑块的值。"开关"使用户可以打开或关闭模型的各种元素。在代码标签，它们都为全局变量，但都是布尔变量。"选择器"使模型用户能够从预定义的下拉菜单中选择一个建模时创建的选项。这些选项都是全局变量，可以以字符串作为它们的值。"输入框"是更自由的形式，允许用户在模型中输入文本。

（三）输出控件

输出控件包括监视器、曲线图、输出框和注释。"监视器"显示每秒更新几次的全局变量或计算的值。它们没有历史记录，但向用户显示系统的当前状态。"曲线图"提供传统的 2D 图形，使用户能够观察到一个输出变量随时间的变化而变化。使用"输出框"，建模者可以创建自由格式的文本输出发送给用户。最后，"注释"使建模者在界面卡放置文本信息（例如，指导用户如何使用该模型）。与监视器不同，注释中的文本保持不变（除非手动编辑它们）。

第五节　进　　程

进程（Schedule）是有关模型执行顺序的描述。不同的 ABM 工具箱或多或少都有进程的明确表达。在 NetLogo 没有一个可识别的对象被标识为进程。进程取决于按钮按下的顺序，更确切地说，是这些按钮按下后，程序运行中所发生事件的顺序。此处以 SETUP/GO 命令（按钮）来做说明。

主体建模一般在开始时有个初始化步骤，包括创造主体、环境初始化、设置用户界面。在 NetLogo 中，此过程通常称为 SETUP，只要用户按下 NetLogo 模型上的 SETUP 按钮，该过程便会执行。例如，在交通基础模型中的初始化：

```
to setup
clear – all
ask patches[ setup – road ]
setup – cars
watch sample – car
end
```

上述 SETUP 程序调用了许多其他过程。它开始通过清除世界（CA），然后询问瓦片来 SETUP – ROAD，创建模型的环境。随后，使用 SETUP – CARS

命令，根据滑块中 NUMBER – OF – CARS 的值来创建相应数量的汽车。最后调用 WATCH 命令，告诉观察员关注一辆特定的汽车。

进程的重点部分还体现在主回路上，即 NetLogo 的 GO 程序。GO 过程描述了在模型的一个时间单位（Tick）内发生的情况。通常，这涉及告诉主体该怎么做，必要时更改环境以及更新用户界面以反映发生的情况。在交通基础模型中的 GO 程序：

```
to go
;; if there is a car right ahead of you, slow down to a speed below its speed
ask turtles[
let car – ahead one – of turtles – on patch – ahead 1
ifelse car – ahead ！ = nobody
[ slow – down – car car – ahead]
;; otherwise, speed up
[ speed – up – car ]
;; don't slow down below speed minimum or speed up beyond speed limit
if speed < speed – min[ set speed speed – min ]
if speed > speed – limit[ set speed speed – limit ]
fd speed ]
tick
end
```

在此过程中，主体改变速度并移动，然后 Tick 计数器开始计数，这使模型的所有要素（成员）都知道时间已过去。

有关 ABM 的进程，必须考虑两个问题：ABM 是使用同步更新（所有主体同时更新）还是异步更新（某些主体先于其他主体更新）；程序执行采取序惯式、并发式或模拟并发式（介于序惯式与并发式之间）。

第六节　总　　结

本章介绍了 ABM 五个核心要素：主体，环境，交互，观察员/用户界面和进程。主体可以具有许多不同的属性和行为，并且主体有很多种类，但是它们是 ABM 的基本组成部分，没有主体，也没有 ABM。主体所处的世界是环境，因此充分描述环境对于 ABM 很重要。交互是模型发展的动力，因此对 AMB 的操作是关键的。观察员/用户界面显示模型是被如何控制，以及如何从模型中提取数据，没有观察员/用户界面，该模型将无法使用。最后，进程告诉模型什么时候做什么。这五个要素共同构成了一个基于主体的模型。下一章将结合二元创新资源配置研究所涉及的问题，创造相应的 ABM 模型。

第八章　考虑随机性的多主体创新
资源配置仿真模型

当前，企业面临的市场环境越发具有动荡性和不确定性，二元创新成为企业增强可持续发展和适应性的战略选择。如何平衡主流创新和新流创新的资源配置，是二元创新管理面临的突出难题。越来越多研究从组织适应性和动态演化的视角探讨两种创新的权衡。资源基础观认为企业竞争优势来源于其所拥有的有价值的、稀缺的、难以模仿的和难以替代的资源。但当企业拥有的内部资源有限时，战略柔性对企业开展二元创新具有重要的推动作用。产业竞争学派将资源柔性看成组织适应环境变化的缓冲器，特别对于不确定性非常高的技术创新行为而言，资源柔性越高，企业越有能力应对二元创新中的不确定性因素[142]。动态能力学派指出，战略柔性是开发和培养在当前和未来具有普遍有效性的战略资源和动态能力的一种管理能力，是企业资源与竞争优势的"中介"。培育能够适应快速多变环境的战略柔性，是企业推进二元创新，获取竞争优势的关键[143]。因此，在二元创新资源配置分析中，必须考虑战略柔性的影响效应。对于战略柔性对企业绩效的影响，学者的观点并不一致。沙仑德和亚达夫（Shalender & Yadav）、阿塔莱（Atalay）、马丽和赵蓓、李卫宁、郭朝晖等认为战略柔性与企业绩效之间是正向关系[142‐146]。加西亚（Garcia）却指出企业的创新活动即使不具备资源柔性，仍能获得一定市场占有率，而不是被淘汰出市场。另一些学者认为战略柔性与企业绩效间存在显著的倒"U"形关系，即战略柔性存在"拐点"效应，过低或过高水平的战略柔性皆不利于企业绩效的提升[148]。吴琴等、曾楠、王灿昊和段宇锋持"局部相关"观点[149‐151]。

综上所述，企业二元创新绩效不仅取决于主流创新和新流创新的资源配比，还与战略柔性紧密相关。战略柔性的影响效应具有高度的情境依赖性。此外，现有研究缺乏对随机性、风险水平、市场变化、消费者偏好等因素的考虑，致使研究结果有失偏颇，难以对企业资源配置提供有效的决策支持。本章将战略柔性作为一个关键要素，构建了考虑随机性的主流与新流资源配置模型，并制定企业行为规则和消费者行为规则。运用 Netlogo 软件仿真计算，探究风险水平、市场竞争和战略柔性对创新资源配置及绩效的影响，不仅拓展二元创新理论，丰富了二元创新资源配置模型研究，也为企业适应风险、调整创新策略、提升二元创新绩效提供决策依据。

第一节　主体模型构建

一、构建思路

在动态环境下，消费者规模、市场竞争态势发生变化，企业通过二元创新在市场上推出创新型产品和改进型产品来争夺消费者并获得利润，其中，创新型产品是新流创新的产出，改进型产品是主流创新的产出。消费者分成早期采纳者（只购买创新型产品）和晚期采纳者（只购买改进型产品）两种类型。消费者具有异质性，并会根据价格、创新程度、市场地位等偏好来选择不同企业的产品。企业根据环境变化，不断调整创新资源组合以及产品价格，以获得最优绩效。由此构建具有可操作性的理论框架，可按以下步骤展开：

（1）设定企业和消费者初始状态；

（2）企业根据市场供需开展二元创新，生产不同类型的产品；

（3）消费者根据自身偏好制定购买决策；

（4）由销售情况确定企业绩效；

（5）企业依据市场满足情况来调整创新资源配置策略、根据市场占有率调整价格策略；

（6）环境变化，消费者与企业数量更新。如果市场没有达到均衡，则从步骤 2 重新开始迭代，直到达到均衡或设定的迭代次数为止，如图 8 - 1 所示。

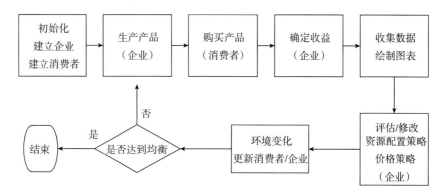

图 8 – 1 基于 ABMS 的多主体创新资源配置模型

二、模型的主体和环境界定

模型中包含企业主体和消费者主体。企业主体特征主要包括二元创新策略 S 和价格策略 P，策略 S 决定了企业的创新资源配置，新流创新和主流创新的资源配置比例：S_r 和 S_d，（$S_r + S_d = 1$）。策略 P 反映了企业的市场竞争手段，创新型产品和改进型产品的初始价格分别为 P_r 和 P_d。市场竞争激烈程度会影响到企业开展二元创新策略，由于完全竞争市场和完全垄断市场情形相对较少，本章重点分析寡头垄断市场（设定为 4 家企业）和垄断竞争市场（设定为 10 家企业）两种情形。考虑到市场竞争，此处设定每 20 个季度增加 1 家新企业，同时，如果一家企业连续三年利润为负数，则该企业退出市场。将企业划分为控制企业（可以调整其战略柔性值）和非控制企业（战略柔性值保持不变），后续模拟仿真中，主要考察控制企业的绩效随环境变化以及策略调整的波动情况。

消费者特征体现在对产品的需求上，每个消费者需求具有单一性，即早期采纳者或晚期采纳者，并且是随机的：初始消费者数量（*initial – num – firms*）为 1000，其中早期采纳者和晚期采纳者各 500。参照我国 GDP 增速，设定每个季度消费者增加 1.6%。

对于环境的界定主要在于关注主体之间相互作用的外在约束条件，如时间、空间边界等。随着互联网经济的迅速发展，电子商务与物流基础设施十分成熟，企业与消费者间的互动并不依赖于空间。因此，本章将环境界定为消费者仅能通过购买产品与企业产生相互影响。

第二节　行为规则制定

一、企业行为规则

企业的总体规则是确定适应环境变化的创新策略和价格策略，可操作的规则分析如下。

（一）资源配置

首先，企业评估需求缺口（Gap），即市场需求（$Demand$）与现有库存（$Stock$）的差。设定企业用于二元创新的资源量为 β，如果 $Cash \geqslant Gap$，表示企业有充足的资源用于二元创新，则 $\beta = Gap$。否则 $\beta = Cash$，表示此时将全部资源用于二元创新。因此，向新流创新分配的资源为 R，向主流创新分配的资源为 D：

$$R = S_r \times \beta \tag{8-1}$$

$$D = (1 - S_r) \times \beta \tag{8-2}$$

（二）产品生产

由于企业在主营产品上有较好技术储备，主流创新风险较小，假定投入主流创新的资源能完全转化为改进型产品，则其库存增加量 $Dstock$：

$$Dstock = D \tag{8-3}$$

新流创新的产出 $Rstock$ 具有不确定性，且服从正态分布，因此

$$Rstock = random-normal(R \times f_c, \sigma) \tag{8-4}$$

式（8-4）中，$random-normal$ 表示随机正态分布函数，f_c 表示能力柔性，$R \times f_c$ 反映了新流创新过程中能力柔性 f_c 对创新资源利用的影响，其大小决定了创新资源的利用效率。由于不同情境下，能力柔性对新流创新活动具有不同效应，因此，f_c 可以大于1，也可以小于1，于是设定 $0.5 \leqslant f_c \leqslant 2$。$\sigma$ 表示新流创新风险标准差，$\sigma = k_1 \times R \times f_c$，其中，$k_1$ 是标准差系数，其值越大表示分布的变动就越大，创新成果产出有可能越大，但也意味着失败的可能性也变大，此处设定 $10\% \leqslant k_1 \leqslant 90\%$。

（三）绩效评估

企业创新绩效可以由利润和市场占有率来反应，其中，利润等于销售额减去生产成本，市场占有率则用企业销量占市场总销量的比例来表示：

$$Qtr\_pr = Rsales \times P_r + Dsales \times P_d - (R + D) \tag{8-5}$$

$$Avg\_pr = Avg\_pr + (Qtr\_pr - Avg\_pr)/age \tag{8-6}$$

$$Qtr\_ms = (Rsales + Dsales)/Totalmarket \times 100\% \qquad (8-7)$$

$$Avg\_ms = Avg\_ms + (Qtr\_ms - Avg\_ms)/age \qquad (8-8)$$

其中，$Qtr-pr$、$Qtr-ms$ 是企业每个季度的利润和市场占有率，$Avg-pr$ 和 $Avg-ms$ 表示平均利润和平均市场占有率，age 表示当前季度数。

（四）策略调整

每个季度末，企业会评估需求满足情况、销售情况来调整创新策略和价格策略，以期取得更好的企业绩效，如表 8-1 和表 8-2 所示。表 8-1 中，$Rsales$ 和 $Dsales$ 分别为创新型产品和改进型产品的销售量，$Runmet$ 和 $Dunmet$ 分别为两类产品的缺货量。f_r 代表资源柔性，也反映了企业适应能力，f_r 越高，表示企业将更容易根据市场环境的改变而调整资源，考虑到不同行业企业适应能力及资源柔性差异，取 $5\% \leqslant f_r \leqslant 25\%$。表 8-2 中，$totsales$ 表示每个企业季度销量，$totalmarket$ 表示所有企业总销量；δ_r 和 δ_d 分别为创新型和改进型产品价格波动，式（8-9）和式（8-10）中，$random-float$ 是浮点数随机函数，一般认为 $\delta_r > \delta_d$：

$$\delta_r = (P_r \times random - float\ 20)/100 \qquad (8-9)$$

$$\delta_d = (P_d \times random - float\ 10)/100 \qquad (8-10)$$

表 8-1   **创新策略调整**

情景	市场需求	策略调整
1) $Runmet = Dunmet = 0$	没有缺货	S_r 不变
2) $Runmet = 0$，$Dunmet > 0$	改进型产品缺货	$S_r = S_r - f_r$
3) $Runmet > 0$，$Dunmet = 0$	创新型产品缺货	$S_r = S_r + f_r$
4) $Runmet > 0$，$Dunmet > 0$ if $Runmet/Rsales > Dunmet/Dsales$ if $Runmet/Rsales > Dunmet/Dsales$	两种产品都缺货 创新型产品需求更大 改进型产品需求更大	$S_r = S_r + f_r$ $S_r = S_r - f_r$

表 8-2   **价格策略调整**

情景	销量	策略调整
1) $totsales = totalmarket/num - firms$	等于市场平均销量	P_r，P_d 不变
2) $totsales < totalmarket/num - firms$ if $60 >$ $random\ 100$	小于市场平均销量有 60% 可能性降价	$P_r = P_r - \delta_r$ $P_d = P_d - \delta_d$
3) $totsales > totalmarket/num - firms$ if $60 >$ $random100$	大于市场平均销量有 60% 可能性涨价	$P_r = P_r + \delta_r$ $P_d = P_d + \delta_d$

由此，将前述的资源配置、产品生产、绩效评估、策略调整等行为进行系统化整合，形成企业行为规则流程图（如图 8 – 2 所示）。

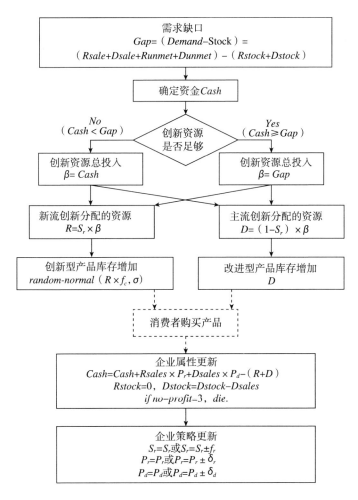

图 8 – 2　企业行为规则

二、消费者行为规则

基于消费者特征，早期采纳者只购买创新型产品，晚期采纳者只购买改进型产品，在有库存条件下，每个季度消费者根据不同偏好从相应企业购买 1 单位产品。消费者具有异质性，存在不同的消费偏好。价格、产品创新性、市场地位等均会对消费者购买决策产生影响，其影响权重分别为 $price\_weight$、$rsch\_weight$ 和 $mshr\_weight$，以随机函数来表示，权重之和等于1：

$$price\_weight = random - normal(33,11)/100 \qquad (8-11)$$

$$rsch\_weight = random - normal(33,11)/100 \qquad (8-12)$$

$$mshr\_weight = 1 - price\_weight - rsch\_weight \qquad (8-13)$$

针对任意两家企业，消费者比较式（8-14）、式（8-15）、式（8-16）数值大小，以高者作为决策导向。

$$Decide\_by\_price = price\_weight \times ((price1 - price2)/mean\_price) \qquad (8-14)$$

$$Decide\_by\_innov = rsch\_weight \times ((rsch1 - rsch2)/mean\_rsch) \qquad (8-15)$$

$$Decide\_by\_market = mshr\_weight \times ((mshr1 - mshr2)/mean\_mshr) \qquad (8-16)$$

式中，$price1$、$price2$ 分别为两家企业的价格，$mean\_price$ 为市场平均价格；$rshc1$ 和 $rsch2$ 分别为两家企业研发投入，$mean\_rsch$ 是市场平均研发投入水平；$mshr1$ 和 $mshr2$ 分别是两家企业市场占有率，$mean\_mshr$ 是平均市场占有率。

（一）价格敏感型消费者购买决策

企业会根据自己所处的市场地位调整产品价格，消费者基于最低价格购买产品的可能性取决于不同企业价格的平均差分比。如果式（8-17）成立，消费者选择低价产品。否则，随机选取。

$$(price1 - price2)/mean\_price > random - float1 \qquad (8-17)$$

其中，$random - float1$ 表示随机选取 [0，1] 间的小数，用于反映消费者价格敏感度，其值越小，说明消费者对价格越敏感，越容易选择低价产品。反之，消费者对价格越不敏感。两个企业产品价格如果差别很小，在消费者容忍范围内，则随机选取企业。

（二）创新敏感型消费者购买决策

不同企业的产品创新程度是研发投入的历史累积，$rsch$ 代表研发投入。消费者将不同企业产品创新程度差异作为产品选择依据。如果式（8-18）成立，消费者选择高创新性产品。否则，随机选取。

$$(rsch1 - rsch2)/mean\_rsch > random - float1 \qquad (8-18)$$

此处的 $random - float1$ 反映消费者创新敏感度，其值越小，说明该消费者对产品创新程度越敏感，越容易选择高创新性产品。其值越大，该消费者对产品创新程度越不敏感。如果两个企业创新研发投入差距很小，在消费者容许范围内，则消费者随机选取企业。

（三）市场敏感型消费者购买决策

此类消费者的决策机制与上述两种有所不同，为了更有效放大微小市场份额引起的差异，此处设定不管两家企业市场占有率实际差距多小，这类消费者都会选择市场占有率更高的产品。如果式（8-19）成立，表明消费者是市场敏感型，则该消费者选择市场占有率高的企业。否则，随机选择。

$$mshr\_weight > random\ 50 \tag{8-19}$$

根据上述分析，得到消费者行为规则如图8-3所示。

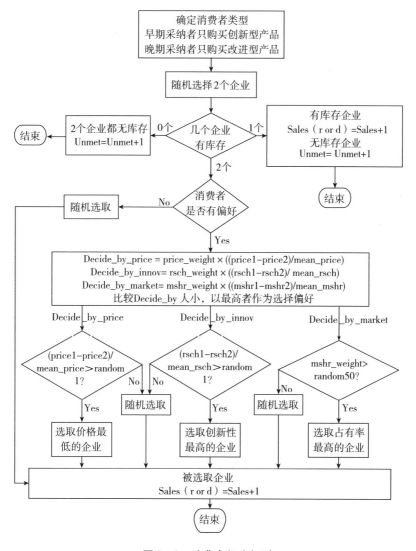

图 8 - 3　消费者行为规则

第三节　模拟仿真结果及分析

一、仿真平台运行界面说明及参数设置

运用 Netlogo 6.0.4 软件进行模拟仿真，具体程序代码详见附录一。如图 8 - 4 所示，"Agent Map"是模型运行的"世界"，可以观察企业和消费者的动态变化；"setup"、"go"和"go once"按钮是模型运行的主要命令；绘图"Sr"和"Relative Profit"可以实时显示控制企业的创新策略和创新绩效演变过程。绘图"Sr"中，绘图笔的更新命令为"plot [% sr] of controlfirm"；绘图"Relative Profit"中，为了更加直观地了解不同因素对控制企业创新绩效的影响，此处用创新绩效相对值作为观察变量（利润比 = 控制企业平均利润/其他企业平均利润），绘图笔的更新命令为"plot [avg - profit] of controlfirm / mean [avg - profit] of otherfirm"。创新策略、消费者数量、风险、产品价格等主要变量初始值可以通过平台的滑块和开关功能来实现，具体数值如表 8 - 3 所示。为了测试战略柔性的灵敏度，此处设置了四种模拟情景：情景Ⅰ、情景Ⅱ考察不同竞争环境下，资源柔性对创新资源配置策略及其绩效表现的影响。情景Ⅲ、情景Ⅳ考察两种市场条件下，能力柔性对创新资源配置策略及其绩效表现的影响。

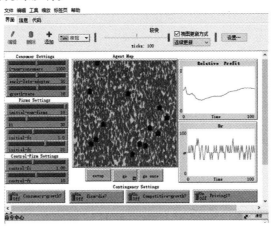

图 8 - 4　Netlogo 软件运行界面

表 8 – 3　　　　　　　　　　　　　主要变量初始值设置

情景	I		II		III		IV	
创新策略 S_r	50%		50%		50%		50%	
消费者数量 $num-consumers$	1000		1000		1000		1000	
企业数量 $initial-num-firms$	4		10		4		10	
创新风险标准差系数 k_1	10% ~90%		10% ~90%		10% ~90%		10% ~90%	
创新型产品基准价格 P_r	3		3		3		3	
改进型产品基准价格 P_d	2		2		2		2	
企业	控制企业	企业 2 - 4	控制企业	企业 2 - 4	控制企业	企业 2 - 10	控制企业	企业 2 - 10
能力柔性 f_c	1	1	1	1	0.5 ~2	1	0.5 ~2	1
资源柔性 f_r	5% ~ 25%	15%	5% ~ 25%	15%	15%	15%	15%	15%

在正式模拟仿真之前，先进行若干次试运行，发现大多数情况下，经过 100 个季度即可获得企业绩效的均衡解。为消除随机性对结果的影响，设定上述场景运算 20 轮，每轮时长 100 季度。模拟结果取算术平均值，并进行统计分析。

二、可靠性检验

通过 Netlogo 平台的"行为空间"工具来设置风险系数 k_1，使其取值分别为 30%、60% 和 90%，表征创新风险水平为低、中、高。用报告器测算"［% sr］of controlfirm"的运行结果，并记录三种风险水平等级下创新策略 S_r 演变情况。将仿真结果合并，如图 8 – 5 所示。可以发现，当控制企业的战略柔性与其他企业相同时，风险系数 k_1 对企业创新策略的影响较小，这与前述的假设一致，即企业创新策略改变主要受到竞争环境影响，此结果也初步验证了模型的可靠性。

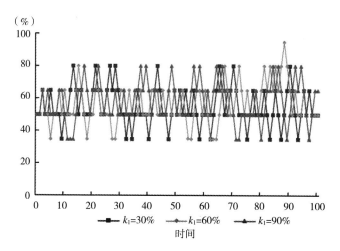

图 8 – 5　相同战略柔性下创新策略 S_r 演变情况

三、灵敏度分析

（一）资源柔性对创新策略及绩效的影响

在其他条件相等的情况下，在"行为空间"设置资源柔性大小，分别设为 5%、15% 和 25%。以"视图更新"方式运行程序，在绘图区可以观察创新策略 S_r 和创新绩效演变。使用"导出表格数据"功能，整合不同资源柔性下创新策略演变过程，发现随着资源柔性增大，创新策略 S_r 波动幅度也越大，如图 8 – 6 所示。

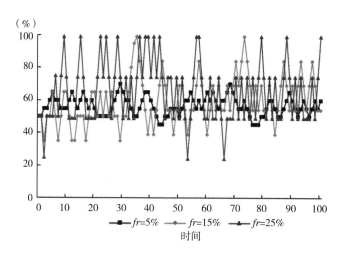

图 8 – 6　资源柔性对创新策略 S_r 演变的影响

类似地，将情景 I、情景 II 仿真结果的相对绩效值使用"导出表格数据"并汇总，如表 8 - 4 所示。

表 8 - 4　　　　　　　　　　　资源柔性改变对创新绩效的影响

	情景 I			情景 II		
	$f_r = 5\%$	$f_r = 15\%$	$f_r = 25\%$	$f_r = 5\%$	$f_r = 15\%$	$f_r = 25\%$
$k_1 = 30\%$	2.612	1.007	0.454	2.022	1.010	0.401
$k_1 = 60\%$	2.360	0.998	0.405	1.578	1.009	0.359
$k_1 = 90\%$	1.966	0.991	0.445	1.693	0.997	0.553

结果显示，在寡头垄断市场和垄断竞争市场，控制企业的利润随资源柔性增大呈递减趋势。主要在于组织内部资源本质上是一种组织承诺，这些固有资源会阻碍组织为适应环境而进行的战略变革，使得企业固守现有创新模式，不利于新流创新活动。资源柔性过大（$f_r > 15\%$），创新资源配置呈现过度灵活现象，反而不利于提升企业绩效。因此，企业最好将资源柔性保持在一个较低水平（$f_r < 15\%$）。

（二）能力柔性对创新策略及绩效的影响

设定其他条件相同，通过"行为空间"工具设置控制企业的能力柔性分别为 0.5、1 和 1.5。以"视图更新"方式运行程序，观察创新策略 S_r 和创新绩效演变情况。使用"导出表格数据"功能，整合不同能力柔性下创新策略演变过程，如图 8 - 7 所示。结果发现，随着能力柔性增大，创新策略 S_r 波动幅度变小。同时，S_r 的平均值降低到 50% 以下，意味着能力柔性强的企业，其创新型产品更能满足市场需求，因此，可以将更多资源配置到开发性创新中。

将情景 III、情景 IV 仿真结果的相对绩效值使用"导出表格数据"并汇总，如表 8 - 5 所示。

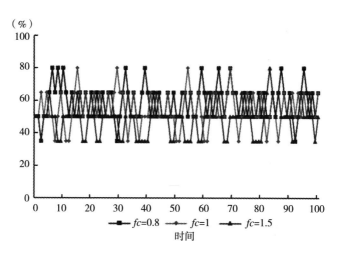

图 8 - 7　能力柔性对创新策略 S_i 演变的影响

表 8 - 5　　　　　　　　　能力柔性改变对创新绩效的影响

	情景Ⅲ			情Ⅳ		
	$f_c = 0.8$	$f_c = 1$	$f_c = 1.5$	$f_c = 0.8$	$f_c = 1$	$f_c = 1.5$
$k_1 = 30\%$	0.276	1.005	5.267	0.250	1.044	3.327
$k_1 = 60\%$	0.383	1.059	2.455	0.333	1.010	1.952
$k_1 = 90\%$	0.533	0.998	1.949	0.464	1.004	1.634

结果发现，在两种竞争市场中，能力柔性对控制企业的利润都呈现出正向促进作用，然而风险水平的提升会削弱其正向关系。结果表明，在动态环境下，企业应着力于在技术开发方面追求更多的开发性和灵活性，打造较强的能力柔性，从而提升资源配置的有效性，以适应竞争环境的改变。

综上所述，在不同的市场竞争环境和创新风险条件下，资源柔性的增加不一定都会促进市场占有率增长，资源柔性过大反而降低企业利润。企业资源配置不要单纯追求高柔性，应该将资源柔性保持在合理范围。能力柔性的增强有利于提升企业利润和市场占有率，需要通过加强能力柔性塑造，提升资源配置效率。此外，二元创新的资源柔性和能力柔性在对企业绩效影响不存在协同效应。因此，在二元创新资源配置决策中，能力柔性建设的优先度要高于资源柔性。

第四节 总 结

本章采用基于主体建模方法，构建了考虑随机性的二元创新资源配置模型，并制定了企业行为规则和消费者行为规则。基于 Netlogo 平台交互界面可以直观展示企业创新策略的演变情况，借助平台的"行为空间"工具可以灵活改变参数设置，从而更好模拟仿真战略柔性、风险水平和市场竞争条件对二元创新资源配置及绩效的影响。仿真结果说明了本研究建立的仿真模型具有良好的可靠性，可以为企业优化二元创新资源配置，提升创新绩效提供一定的参考。

在多主体建模过程中，本章将消费者和市场变化、竞争条件、策略调整等纳入模型，力求让模型更符合实际情景，以便较好地为管理者制定创新决策提供参考。但是，模型中的规则制定仅考虑了消费者线性增长情况，忽略了网络效应对消费者决策的影响。此外，企业创新策略和价格策略调整规则也有待后续研究进一步完善。

第九章　考虑领导风格和资源柔性的创新资源配置模拟仿真

在创新速度不断加快、技术生命周期持续缩短的时代背景下，单一创新难以支撑企业的可持续发展。企业必须在开展主流创新的同时，积极探索新流创新，不断更新知识基础和价值体系，打造持续性竞争优势。领导者是影响组织创新的关键，是创新资源配置的决定性因素。不同风格领导者如何制定资源配置决策以实现高绩效，已成为该领域的前沿问题，受到国内外学者的广泛关注。韦伯（Weber）将领导者分为传统理性和法律理性两类，前者以坚持传统为指导，后者以形式主义的法律信仰和理性诉求为指导。这两种领导者对组织同等重要[152]。部分学者使用追随者个性和工作价值观作为预测因素，将领导风格划分为魅力型、理想型和务实型[153,154]。另一些学者将领导风格精简为变革型领导和交易型领导两种[155,156]。变革型领导是指领导者能通过自身魅力，激发员工工作动机和能力，在组织内形成强大凝聚力，以实现组织共同目标。交易型领导通过制度和规则设计，促使员工在各自工作岗位中发挥作用，并以交换方式给予员工薪酬和晋升回报，从而激励员工努力完成工作目标。部分学者开发了适用于中国情境的变革型领导测量量表[157]，另一些学者探讨了领导风格与企业绩效关系的研究[158-160]。总体上，已有研究偏重领导者与创新绩效的关系研究，有关机制研究的文献尚不多见。

动态环境下企业进行二元创新战略决策必须要考虑组织资源柔性[161]。基于资源基础观，企业竞争优势来源于其所拥有的有价值的、稀缺的、难以模仿的和难以替代的资源。当企业创新资源有限时，主流创新和新流创新会对此展开争夺[162]。产业竞争学派认为，资源柔性是指资源具有可选择性和适用性，或者通过一些行为使当前不能用的资源能够为企业所用的一种属性。特别对于不确定性非常高的创新行为而言，资源柔性越高，企业越有能力应对二元创新中的不确定性因素[163]。然而，资源柔性对创新绩效的影响如何，学者观点并不一致。对于资源柔性高的组织来说，其自身所拥有的冗余资源较多，企业可以利用这些冗余性资源自如应对环境的变化，但同时冗余性资源也会造成资源刚化以及组织惰性。部分学者发现资源柔性对企业绩效有显著正向影响[160]。也有学者却认为当企业的创新活动即使不具备资源柔性，仍能获得一定市场占有率，而不是被淘汰出市场[164]。另一些学者认为资源柔性与企业绩效间存在显著的倒"U"型关系，即资源柔性存在"拐点"效应，过低或过高的资源柔性皆不利于企业绩效提升[165]。还有学者持"局部相关"观点，即资源柔性对企业绩效的影响在某种条件下才比较显著[166,167]。由此可见，资源柔性对企业二元创新绩效影响需要考虑情境要素。

通过有效配置资源，平衡二元创新，企业的知识水平不断累积上升，进而实现更高企业绩效。由于企业为实现长期或短期目标的资源是有限的，这意味着企业必须非常小心地处理好资源在主流创新和新流创新之间的分配问题。借鉴坎特、朱斌等学者对二元创新的界定，二元创新中主流创新是利用已有知识和现有解决方案的知识创造或知识强化，新流创新是从未知知识和解决方案中产生的新知识。以汽车行业为例，传统依靠汽柴油提供动力的汽车创新活动为主流创新，而以天然气、电力和甲醇等新能源提供动力的汽车研发活动为新流创新。与渐进式与突破式创新、探索式与利用式创新等二元创新划分方式不同，二元创新在对创新活动二元划分的同时，加上时间维度，从技术生命周期的动态视角研究创新流之间的互动关系，重点关注二元创新的协同演进过程。企业开展二元创新的同时实现企业知识水平持续提升，带动企业绩效增长。为提高知识创造水平，企业必须平衡主流创新和新流创新资源配置。一方面，为了达到短期目标、获得短期绩效，企业倾向于将资源投入主流创新活动中。另一方面，企业通过将资源配置到新流创新活动中，以追求长期目标和长期绩效。在这个过程中，企业必须谨慎处理好资源配比，不能出现过度配置。一旦在一种创新活动中配置过多资源，必然导致另一种创新活动资源过少，资源配置失衡将导致企业陷入失败陷阱。

考虑到动态竞争环境、领导风格、资源柔性等内外影响因素，企业必须保持资源配置平衡，从而获得长期和短期绩效的同步增长，实现可实现发展。

然而当前大多数关于领导者与创新绩效的研究侧重于相关性研究，缺少对作用机制的探讨。鉴于此，本章基于领导理论、资源基础观和知识创造理论，研究不同领导风格（变革型领导和交易型领导）和资源柔性条件下的二元创新资源配置机制，通过 Netlogo 仿真平台，模拟仿真领导风格、资源柔性对企业创新绩效的影响及协同效应，旨在为企业通过开展二元创新，推动创新转型升级提供决策依据。

第一节　理　论　假　设

一、领导风格与创新绩效

基于现有研究，本章将领导风格分成交易型领导和变革型领导两类[153,154]。其中，变革型领导善于感召员工对工作价值的认同，激发员工与企业达成一致性的目标，从更高层次关注企业绩效。交易型领导关注主流业务活动的开展，主要通过完善企业奖惩体系指导员工工作，最终实现员工行为与组织目标的匹配[165]。变革型领导注重与员工情感交流，肯定员工的多样化、探索性新流创新行为，帮助下属学习新知识和技能，鼓励员工积极探索新知识、开发新技术、开拓新市场，从而有利于实现新流创新绩效[168,169]。反之，交易型领导重视组织现有制度和创新体系，以较为严苛的标准要求员工开展创新活动。新流创新往往需要突破现有组织惯例或知识技术体系，很难得到此类领导者支持。在交易型领导的战略指导下，组织创新大多是对现有知识体系的细枝末节式改良。因此，提出如下假设：

H9－1：变革型领导与新流创新绩效正相关

H9－2：交易型领导与主流创新绩效正相关

二、资源柔性与创新绩效

二元创新是企业获取创新资源、利用既有资源、实现资源价值的重要途径[170]。资源柔性表现为企业资源有效使用范围以及转为他用时的成本，直接决定企业二元创新效率[171]。资源柔性越大，企业越容易整合、配置所拥有的各种创新资源，更好地缓解主流与新流之间的资源冲突，在应对环境变化中更加充分发挥资源效用，实现更高的二元创新绩效[172]。新流创新是一种换轨式技术创新，更强调创业导向，是资源消耗型战略。新流创新依赖以知识壁垒为限制手段的知识性资源，如特定技术或功能、创造性技艺、多学科团队合作协调技能等[173]。组织资源柔性越大，新流创新活动越容易调整资源需求，更好适应环境，从而实现更高绩效。主流创新主要凭借财产性资源，如重大专利、排他性专有合同、一体化生产或分销系统等[174]。主流创新通过财产性资源构筑起组织惯例和心智模式的效率性，过高的资源柔性会弱化主流创新运作基础。因此，提出如下假设：

H9－3：资源柔性与二元创新正相关

H9－4：资源柔性与主流创新负相关

H9－5：资源柔性与新流创新正相关

三、风险水平与创新绩效

资源柔性作为企业应对环境变化的反应能力，可以提升企业资源利用效率和协调性[175]。在风险水平较低时，企业需要通过稳健的经营策略来提升效率，对资源柔性要求并不高。资源柔性过大反而降低企业资源配置效率，造成创新成本上升。高风险情境下，企业主流创新活动与新流创新活动之间的资源冲突更明显，企业需要不断在主流与新流之间调整既有资源配置策略，以此应对动态环境带来的冲击。因此，高资源柔性企业可以更灵活调配资源，缓解二元创新的冲突，增强企业动态竞争优势，从而对二元创新绩效产生积极影响[168]。因此，提出如下假设：

H9－6：风险水平越高，资源柔性对企业绩效的影响就越大

变革型领导自身具有较强的风险承担意识，乐于接受新挑战和考验，获取新知识的动力较强，对组织中风险系数较高的新流创新持有开放态度。同时，变革型领导能容忍员工的试错行为，让员工敢于为企业创新发展提出更多新颖、探索性意见和建议，从而有利于企业开展新流创新[176]。交易型领导更希望员工以按部就班的方式完成任务，对员工的试错行为容忍度较低，尽量规避高风险的新流创新，青睐于风险相对可控的主流创新[177]。风险水平越高，意味着创新潜在收益越大。相较于交易型领导，变革型领导对动态环境因素更敏感，风险驾驭能力更强，能有效实施变革，快速适应环境的动态变化，从高风险中获利。提出如下假设：

H9 - 7：风险水平越高，变革型领导比交易型领导更容易获取高绩效

第二节 模型构建

一、资源配置函数模型

二元创新的知识创造和绩效随时间变化，因此，二元创新资源配置机制应该是基于时间的动态机制。模型中，企业在主流和新流创新之间进行资源配置的基础是绩效差（即预期绩效与实际绩效之差 $Gap_{t-1} = PE_{t-1} - PA_{t-1}$，$PE_{t-1}$ 表示 $t-1$ 时段的预期绩效，PA_{t-1} 表示 $t-1$ 时段的实际绩效）。如果企业实际绩效超出预期绩效（$Gap_{t-1} < 0$），从长远角度考虑，企业可以分配更多资源到新流创新活动中。反之，业绩不佳的企业（$Gap_{t-1} > 0$）应将更多资源分配到主流创新活动，专注改进短期绩效。因此，在 t 时段，创新资源配置函数如下：

$$\beta_t = f(Gap_{t-1}) = \frac{1}{1 + e^{-c(Gap_{t-1}+g)}} \tag{9-1}$$

式中，$0 \leqslant \beta_t \leqslant 1$，$\beta_t$ 表示 t 时段配置到主流创新的资源比例，（$1 - \beta_t$）表示 t 时段配置到新流创新的资源比例。式（9 - 1）中，资源配置不仅跟绩效差 Gap 有关，还与领导风格 g 和资源柔性 c 有关。

领导风格 g 反映了企业领导者对资源配置的倾向性。部分领导者青睐开展主流创新活动，将资源集中于主流创新部门。反之，亦有领导者倾向开展探索性新流创新活动。相较于交易型领导，变革型领导更具长期绩效导向，鼓励员工的探索性行为，将更多资源配置到新流创新中，资源配置函数中的 g 值为负数。交易型领导更注重开展主流创新活动，强调当前业务绩效，其资源大都分配到主流创新中，函数中的 g 值为正数。图 9 - 1 反映了领导风格 g 对资源配置函数的影响。

资源柔性 c 反映了企业对外部动态环境的适应性。当企业采用基于周期性的目标管理和绩效管理，能快速对资源进行规划并执行，其资源柔性 c 一般也较大。因此当实际绩效低于预期绩效时（$Gap > 0$），为了快速提高短期绩效，它们会迅速调配资源投入主流创新活动。当实际绩效超出预期时（$Gap <$

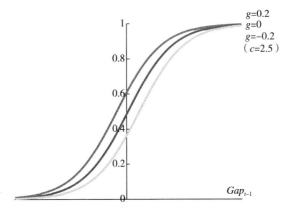

图 9 – 1　领导风格 g 对资源配置函数的影响

0），它们也会分配足够的资源到新流创新中，开展探索性活动。资源柔性较大的企业，对绩效差的反应十分敏感，能快速灵活地调整资源在二元创新之间的配置。反之，资源柔性小的企业，对绩效差不敏感，同时资源配置缺乏弹性。当实际绩效低于预期水平时（$Gap > 0$），它们反应迟钝，资源配置也存在刚性。图 9 – 2 反映资源柔性 c 对资源配置函数的影响。

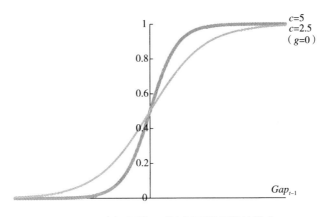

图 9 – 2　资源柔性 c 对资源配置函数的影响

二、知识创造函数模型

企业总知识创造水平受创新环境、创新资源、创新项目难度、领导支持度等影响。在前述的资源配置模型中，企业的知识获取是通过开展二元创新获得，因此总知识创造水平等于主流创新和新流创新知识创造之和，如式（9-2）所示。KT_t 表示 t 时段企业总知识创造水平，KLM_t 是 t 时段主流创新的知识创造水平，KLN_t 是 t 时段新流创新的知识创造水平。

$$KT_t = KLM_t + KLN_t \qquad (9-2)$$

由式（9-3）可知，t 时段主流创新知识创造水平 KLM_t 取决于 $t-1$ 时段的主流知识创造水平 KLM_{t-1} 以及 t 时段的主流创新知识增量 ΔKLM_t。主流创新知识增量 ΔKLM_t 是企业利用分配到主流部门的资源开展主流创新活动所获得的知识增加值与主流知识老化之差，如式（9-4）所示。其中，k_main_t 表示 t 时段主流创新知识创造率，β_t 为 t 时段配置到主流创新的资源比例，RES_t 是 t 时段企业创新资源总量，δm_t 表示 t 时段主流知识老化。企业开展主流创新的成功率比较高，不同企业间差异较小，基本符合正态分布，因此，主流知识创造率 k_main_t 可以用正态随机函数 $random-normal$ 来表达，如式（9-5）所示。其中，k_1 表示主流知识创造常数，$risk_1$ 表示主流创新风险系数。

$$KLM_t = \Delta KLM_t + KLM_{t-1} \qquad (9-3)$$

$$\Delta KLM_t = k\_main_t \times \beta_t \times RES_t - \delta m_t \qquad (9-4)$$

$$k\_main_t = random - normal(k_1\ k_1 \cdot risk1) \qquad (9-5)$$

新流创新知识创造机制有所不同，如式（9-6）所示，t 时段新流创新知识创造水平 KLN_t 取决于 $t-1$ 时段的新流知识创造水平 KLN_{t-1} 以及 t 时段的新流创新知识增量 ΔKLN_t。考虑到新流创新知识创造存在时间滞后效应，$t-1$ 时段新流知识增加值要延迟到 t 时段才增长，因此，t 时段的新流创新知识增量 ΔKLN_t 是 $t-1$ 时段知识增加值与 t 时段新流知识老化的差值，如式（9-7）所示。其中，知识创造率 k_new_{t-1} 表示 $t-1$ 时段新流创新知识创造率，$(1-\beta_t)$ 为 $t-1$ 时段配置到新流创新的资源比例，RES_{t-1} 是 $t-1$ 时段企业创新资源总量，δn_t 表示 t 时段新流知识老化。新流创新的知识创造不像主流创新那样是一个渐进的过程，而是在一定时间内以跃迁的速度创造新知识。对加西亚（Garcia）提出的知识创造函数进行改造[158]，以式（9-8）表达新流知识创造率。其中 $random-poisson$ 是泊松分布函数，$k2$ 为新流知识创造常数，r 表示新流回报系数，$risk2$ 是新流创新风险系数。该公式充分反映了新流创新特点：既可能创新成功获得高倍知识创造率（$r \cdot risk2$ 倍），但也可能遭遇创新失败而一无所获。

$$KLN_t = \Delta KLN_t + KLN_{t-1} \tag{9-6}$$

$$\Delta KLN_t = k\_new_{t-1} \times (1 - \beta_{t-1}) \times RES_{t-1} - \delta n_t \tag{9-7}$$

$$k\_new_t = k2 \times (r \cdot risk2) \times random - poisson(1.1 - risk2) \tag{9-8}$$

三、创新绩效函数模型

企业从知识源获得知识可直接增强创新能力，或通过获得的技术与自身知识结合进行转化与应用从而影响创新绩效[178]。每一时段知识水平累积到一定水平将转化为产出，投入生产获得利润。借助柯布—道格拉斯生产函数来表示知识产出，则企业二元创新绩效可用式（9-9）来表达。其中，MP_t 和 NP_t 分别表示 t 时段主流和新流创新绩效，m 和 n 分别是主流和新流绩效系数，α 为知识产出弹性。

$$PA_t = MP_t + NP_t = m \cdot KLM_t^{\alpha} + n \cdot KLN_t^{\alpha} \tag{9-9}$$

同样地，企业绩效产出又为创新活动提供了源源不断的资源投入，参照柯布—道格拉斯生产函数，t 时段创新总资源 RES_t 与企业上一期实际绩效 PA_{t-1} 的正相关，如式（9-10）所示。其中，s 是资源系数，φ 表示绩效产出弹性。

$$RES_t = s \cdot PA_{t-1}^{\varphi} \tag{9-10}$$

四、二元创新的转换

由于技术生命周期的存在，企业开展二元创新必须关注二元创新的协同演进过程，特别是二元创新的转换。当主流逐步衰退，新流日益成熟时，新流知识水平会在某个时段超越主流知识水平（$KLN_t \geqslant KLM_t$），此时，新流业务会转换为主流业务，并与原先的主流创新汇聚成新的主流创新，企业又在新领域开展新流探索，从而推动企业二元创新不断演进升级。

综上所述，由于资源的稀缺性，主流创新活动和新流创新活动会争夺企业的有限资源，必须通过一定的标准和运行机制来配置资源，以实现二元创新平衡。企业应评估实际绩效和预期绩效之间的差距。假设组织绩效随着知识创造水平的增加而增加，需要以合适方式控制资源分配，以最大限度地发挥二元创新成效。正如前述分析所提到的，主流创新旨在实现短期绩效，新流创新则倾向于实现长期绩效和可持续发展。因此，资源配置必须在主流创新和新流创新之间保持动态平衡。借鉴乔伊（Choi）和刘志迎所提出的循环时间序列模型[174,175]，本章所构建的二元创新资源动态配置模型如图9-3所示。

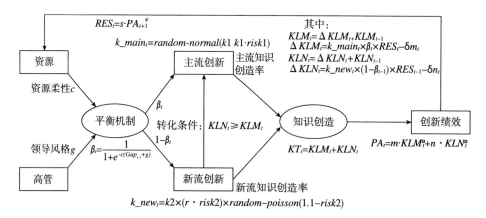

图9-3 二元创新资源动态配置模型

第三节 模 拟 检 验

一、企业类型划分

本章根据资源配置函数中 c 和 g 值的不同，将企业分类四种类型，如图9-4所示。

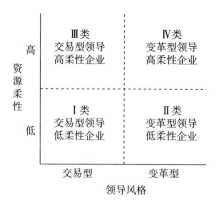

图9-4 企业分类

Ⅰ类交易型领导低柔性企业，以未上市的国有企业为代表，所处环境变化较小，组织结构相对固化，资源调动流程烦琐。由于主营业务保持较好增长，领导者乐于保持现状，更愿意集中精力针对现有技术、产品或服务开展细枝末节式主流创新。

Ⅱ类变革型领导低柔性企业，成立时间较长，规模较大，已积累了比较深厚的知识、技术基础，但部门间关系复杂，"资源刚性"较强，如上市公司中的国有企业。由于上市所带来的压力，领导者需要考虑如何进行变革和创新。

Ⅲ类交易型领导高柔性企业，主要包括未上市的大型制造或零售企业。这类企业在其发展过程中形成比较雄厚的技术实力和资源，同时也具有比较灵活的资源配置机制。由于企业比较成熟，思维定式强，进入新领域开展探索性新流创新的风险更大，领导者更偏向于开展开发性主流创新。

Ⅳ类变革型领导高柔性企业，具有周期性的绩效目标和计划，极具探索性精神，对新流创新有所偏好，如上市公司中的制造和零售企业。来自利益相关者的压力，促使领导者积极变革，力求通过开展新流创新获得新突破。先进的公司治理制度保障了资源配置的灵活性和高效性。

因此，根据四种企业的特点，将资源配置机制中参数赋值，运用 Netlogo 软件进行模拟仿真，比较不同类型企业二元创新绩效变化规律。

二、假设条件及参数设定

（1）参数 g 大于 0，表示企业领导风格偏向交易型领导；g 小于 0，表示企业领导风格偏向变革型领导。由此，将交易型领导风格资源配置函数 g 值设为 0.2，变革型领导风格企业函数 g 值设置为 -0.2。

（2）参数 c 越大，企业资源柔性越强，对资源配置越灵活。将高资源柔性企业资源配置函数 c 值设置为 5，低资源柔性函数 c 值为高资源柔性企业 c 值的一半，取值为 2.5。

（3）主流知识老化与新流知识老化速率各不相同。假设主流知识老化率 δm_t 在每一时段在 [2%，5%] 区间均匀分布。新流知识老化不会立刻发生，假设新流创新成功 6 个时段后，δn_t 在 [1%，3%] 区间均匀分布。

（4）在知识产出函数中，假设 $m=1$，$n=2$，知识产出弹性 α 取值 0.5；

绩效资源函数中，假设 $s=1$，绩效产出弹性 φ 取值0.5。

（5）每一时段预期绩效由上一时段实际绩效决定，如果实际绩效超出预期绩效（$Gap_{t-1}<0$），从长远角度考虑，企业应分配更多资源到新流创新活动中，则 $PE_t=PE_{t-1}$。反之，业绩不佳的企业（$Gap_{t-1}>0$）应将更多资源分配给主流创新活动，提升企业短期绩效，则 $PE_t=（1+5\%）PE_{t-1}$。

（6）设定绩效 PA_t、知识水平 KT_t 以及可用资源 RES_t 的初始值均为1；主流和新流知识创造常数 k_1 和 k_2 为0.05，新流回报系数 r 取值10。

（7）主流创新风险系数 $risk_1$ 为10%，新流创新风险系数 $risk_2$ 取值范围为 $[10\%，100\%]$。

（8）鉴于模型中随机函数较多，为提高仿真结果的有效性，需增加样本数量，设置总企业数量为4000家，四种类型企业各1000家。

三、仿真结果与讨论

（一）不同领导风格的仿真结果

由于当新流创新成长到一定阶段（$KLN_t \geqslant KLM_t$）时会转化为主流（次数见表9-1），因此，仿真中绩效值为绩效累计值，即主流创新累积绩效 TMP，新流创新累积绩效 TNP，二元创新累积总绩效 TPA，保持资源柔性 c 值不变，k_2 为70%（风险较高，比较符合实际情况），改变 g 值大小，从而考察领导风格倾向性对二元创新资源配置及其绩效的影响，结果如表9-1、图9-5、图9-6所示。

表9-1　　　新流转化为主流的次数（$0 \leqslant g \leqslant 0.45$，$c=5$，$k_2=70\%$）

类型	0.00	0.05	0.10	0.15	0.20	0.25	0.30	0.35	0.40	0.45
type Ⅰ	1.79	1.63	1.56	1.38	1.25	1.09	0.97	0.81	0.64	0.46
type Ⅱ	1.78	1.89	1.98	2.1	2.19	2.24	2.35	2.45	2.53	2.6
type Ⅲ	1.62	1.38	1.16	0.91	0.64	0.42	0.31	0.17	0.08	0.02
type Ⅳ	1.62	1.79	2	2.18	2.34	2.51	2.65	2.71	2.82	2.85

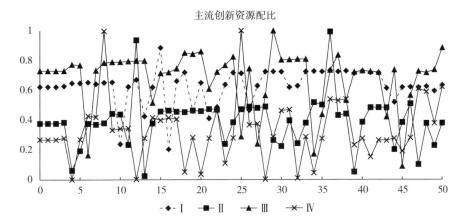

图9-5　主流创新资源配比变化曲线（$c=5$，$g=0.2$，$k_2=70\%$）

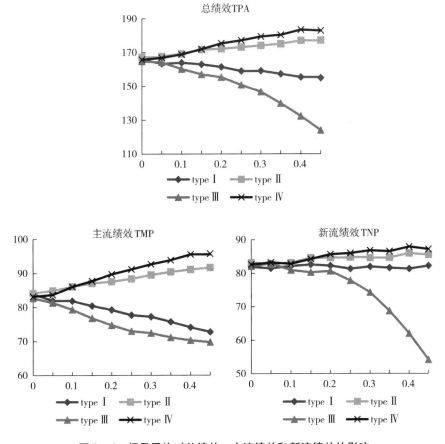

图9-6　领导风格对总绩效、主流绩效和新流绩效的影响

研究发现，变革型领导的Ⅱ类和Ⅳ类企业资源配置偏向新流创新，交易型领导的Ⅰ类和Ⅲ类企业则将更多资源投入主流创新活动。以图 9 − 5 为例，此时Ⅰ类 ~ Ⅳ类企业的主流资源配比 β 均值分别为 0.63、0.39、0.68 和 0.33，资源配比波动主要发生在新流成功时段或新流转化为主流时段，前者是由于新流创新成功带来超额回报使得实际绩效 TPA 激增，后者是由于新流转化后带来的绩效落差。

变革型领导的Ⅱ类和Ⅳ类企业随着领导风格倾向性增强（ g 值增大），新流转换为主流次数逐渐增多，由此带来的主流绩效 TMP、新流绩效 TNP 和总绩效 TPA 也不断提高。此时，H9 − 1 得到验证。

交易型领导的Ⅰ类和Ⅲ类企业随领导风格倾向性增强，企业新流转换为主流次数显著减少，主流绩效 TMP、新流绩效 TNP 和总绩效 TPA 持续降低。因此，H9 − 2 未得到支持。

Ⅳ类变革型高柔性企业比Ⅱ类变革型低柔性企业资源分配更偏向新流创新，绩效增长率更高，反映了资源柔性提高正向增强了变革型领导倾向对企业绩效的影响。相较于Ⅰ类交易型低柔性企业，Ⅲ类交易型高柔性企业的领导风格与资源柔性相冲突，造成主流资源配比 β 值波动较大，整体绩效下降显著，反映了资源柔性提高加剧了交易型领导倾向对企业绩效的负面效应。

（二）资源柔性的影响效应分析

保持领导风格倾向性 g 值不变，k_2 为 70%，改变 c 值大小，从而考察资源柔性对二元创新绩效的影响，仿真结果如表 9 − 2、图 9 − 7 所示。

表 9 − 2　　新流转化为主流的次数（ $1 \leqslant c \leqslant 10$，$g = 0.2$，$k_2 = 70\%$ ）

类型	1	2	3	4	5	6	7	8	9	10
type Ⅰ	1.71	1.6	1.48	1.36	1.22	1.09	0.99	0.89	0.78	0.7
type Ⅱ	1.88	1.94	2.1	2.08	2.19	2.22	2.25	2.29	2.31	2.35
type Ⅲ	1.61	1.32	1.13	0.89	0.68	0.5	0.41	0.35	0.25	0.21
type Ⅳ	1.98	2.09	2.22	2.32	2.35	2.36	2.44	2.46	2.47	2.49

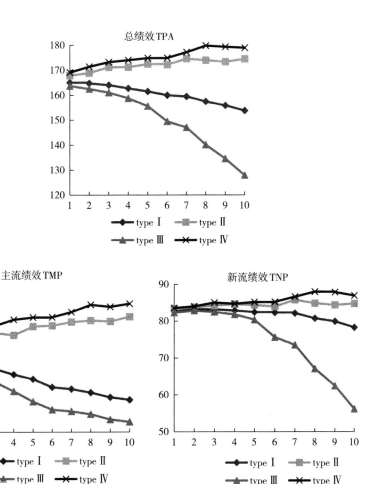

图 9 - 7　资源柔性对总绩效、主流绩效和新流绩效的影响

由结果发现，变革型领导的 Ⅱ 类和 Ⅳ 类企业随着资源柔性增强（c 值增大），新流转换为主流次数逐渐增多，由此带来的主流绩效 TMP、新流绩效 TNP 和总绩效 TPA 也不断提高，但呈现边际效益递减趋势。与之相反，交易型领导的 Ⅰ 类和 Ⅲ 类企业随资源强度增大，新流转换次数明显减少，主流绩效 TMP、新流绩效 TNP 和总绩效 TPA 也持续降低。特别是 Ⅲ 类交易型高柔性企业，当 c 值大于 5 时，其新流绩效迅速下滑，源于资源柔性增大，进一步增加了资源配置的不确定性，造成资源浪费。因此，H9 - 3、H9 - 4、H9 - 5 都只得到部分验证。

资源柔性水平相等时，对比Ⅳ类和Ⅲ类企业，以及Ⅱ类和Ⅰ类企业，发现变革型领导比交易型领导企业 TMP、TNP、TPA 都高。资源柔性越大，这种差异性越显著，即Ⅳ类与Ⅲ类的绩效差明显大于Ⅱ类与Ⅰ类企业的绩效差。在变革型领导企业中，资源柔性大的Ⅳ类企业比资源柔性小的Ⅱ类企业新流创新成功次数更多，企业整体绩效表现更优，而交易型领导企业中，资源柔性小的Ⅰ类企业比资源柔性大的Ⅲ类企业新流创新成功次数更多，企业整体绩效表现更优。究其原因，变革型领导企业偏向于进行探索性新流创新，资源柔性越大，有助于提升新流创新的成功率，增加企业创新绩效。对于更侧重开发性主流创新的交易型领导，资源柔性过大不但不利于新流创新开展，反而降低了主流创新的资源配置，影响主流创新绩效的提升，降低了企业整体创新绩效。因此，领导风格与资源柔性之间存在匹配性：变革型领导与高资源柔性匹配，交易型领导与低资源柔性匹配。

（三）不同风险水平的仿真结果

由于主流创新相对比较稳定，本章重点考察新流创新风险的影响，结果如表9-3、图9-8所示。

表9-3 新流转化为主流的次数（$10\% \leqslant k_2 \leqslant 100\%$，$c=5$，$g=0.2$）

类型	10%	20%	30%	40%	50%	60%	70%	80%	90%	100%
type Ⅰ	0	0.41	0.98	1.24	1.24	1.26	1.36	0.99	0.65	0.19
type Ⅱ	0.84	1.78	2.09	2.31	2.27	2.29	2.36	1.88	1.49	0.84
type Ⅲ	0	0.08	0.47	0.68	0.71	0.67	0.77	0.48	0.27	0.06
type Ⅳ	1.09	2.03	2.36	2.58	2.58	2.58	2.6	2.08	1.67	0.98

当创新风险处于中低水平时（$10\% \leqslant k_2 \leqslant 70\%$），四种类型企业 TPA、TMP、TNP 增长率很高。总绩效 TPA 从大到小依次是：Ⅳ类变革型领导高柔性企业、Ⅱ类变革型领导低柔性企业、Ⅰ类交易型领导低柔性企业、Ⅲ类交易型领导高柔性企业。随着创新风险的增强，这种趋势基本保持不变，因此，H9-6在变革型领导企业得到验证，在交易型领导企业未得到支持。变革型领导的Ⅳ类和Ⅱ类企业，新流创新成功转化次数明显高于交易型领导的Ⅰ类

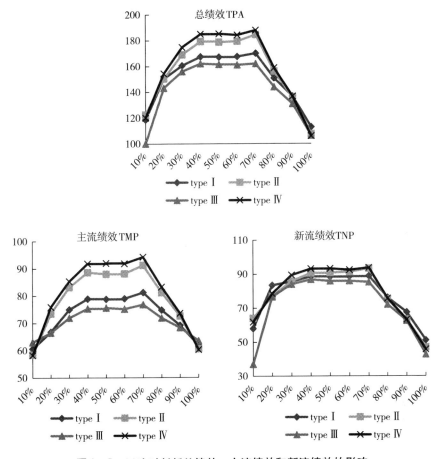

图9-8　风险对创新总绩效、主流绩效和新流绩效的影响

和Ⅲ类企业。例如，Ⅳ类企业在风险水平等于10%、20%、30%和40%时，新流转化为主流创新的次数分别为1.09次、2.03次、2.36次和2.58次，而Ⅰ类企业的次数分别为0、0.41次、0.98次和1.24次。因此，尽管外部风险处于中低水平，并不意味着偏向保守的交易型领导能获得更高绩效。相反，变革型企业鼓励探索新技术、新知识、新市场，通过新流创新成功演进转换为主流创新，在强化主流创新的同时也提升总绩效。随着风险增大，高额新流创新利润回报可以弥补创新失败造成的损失。此时，H9-7得到验证。

当创新风险较高时（70% < k_2 ≤ 100%），四类企业的 TPA、TMP、TNP 呈现明显下降趋势，绩效差异也逐渐减小。当 k_2 超过90%后，Ⅲ类和Ⅳ类高

柔性企业的绩效低于 I 类和 II 类低柔性企业，仿真结果与 H9 – 6 相反。尽管新流创新一旦成功会有高额回报，但是由于其成功率大大降低，探索成本已超过其创新回报。此时，I 类交易型领导低柔性企业将大部分资源用于开发主流业务，资源利用率更高，机会成本降低，总绩效反而处于领先水平，结果与 H9 – 7 相反。

总体上来看，企业二元创新绩效与创新风险呈倒"U"形关系。当创新风险处于不同水平时，创新风险的影响效应并不一致。研究结果都只有部分支持 H9 – 6 和 H9 – 7。

第四节　总　　结

战略管理和组织理论研究者都认为二元创新中主流创新与新流创新的平衡对组织实现可持续发展十分重要，但鲜有研究提出具体的平衡实现机制。本章构建了二元创新资源配置动态模型，通过"领导者—资源配置—知识创造—绩效产出"的逻辑机制，建立主体建模与仿真模型并开展模拟仿真，讨论了不同情境下领导者如何通过二元创新资源配置进而影响创新绩效产出。研究发现：第一，企业创新绩效与变革型领导风格倾向呈正相关，与交易型领导风格倾向呈负相关。资源柔性的提高正向增强了变革型领导倾向对企业绩效的有利影响，加剧了交易型领导倾向对企业绩效的负面效应。第二，企业创新绩效与资源柔性的关系因领导风格而异。变革型领导的 II 类和 IV 类企业创新绩效随资源柔性提高而增长，交易型领导的 I 类和 III 类企业随资源柔性提高而降低。第三，领导风格与资源柔性之间存在协同效应：变革型领导与高资源柔性正向促进企业创新绩效，交易型领导与低资源柔性更利于取得高绩效。第四，企业创新绩效与创新风险呈倒"U"形关系，当创新风险处于中低水平时，变革型领导的 II 类和 IV 类企业绩效比交易型领导的 I 类和 III 类企业绩效高，当创新风险水平较高时，两种领导风格企业绩效差异逐步减小，当创新风险极高时，I 类交易型领导低柔性企业绩效占优。以上研究不仅对领导风格、资源配置和二元创新绩效之间的机制研究具有重要的理论意义，对企业创新战略管理也具有重要的实践启示。

一、理论意义

首先，现有部分研究认为突破性新流创新需要高层管理者实施变革领导行为，渐进性主流创新的实施依赖交易型领导行为，也有学者认为变革型领导对团队绩效有利，交易型领导不利于创新绩效。然而不仅领导风格存在二元性，创新过程也同样存在二元性，二元创新领导风格与二元创新绩效之间的关系值得深入探讨。本章将领导风格划分为变革型和交易型，将二元创新界定为主流创新和新流创新，构建了二者的影响机制模型，基于主体建模与仿真方法开展模拟仿真研究，认为交易型领导无法保证主流创新在生命周期的可持续发展，变革型领导更有利于提升新流创新，并通过新流创新强化主流创新，从而形成源源不断的持续创新流，这在一定程度上拓展了企业领导理论和二元创新理论，也为未来相关研究提供一个可借鉴的研究框架。

其次，领导者与创新绩效间的中介因素很多，如心理资本、内在动机、组织学习、员工认同、失败学习、领导成员关系等，有关资源配置作为中介或调节效应的研究尚不多见。本章从资源柔性这一特性出发，将其作为资源配置中的关键参数，考察资源柔性高低对二元创新绩效的影响。研究结果表明资源柔性的提高正向增强了变革型领导倾向对企业绩效的有利影响，加剧了交易型领导倾向对企业绩效的负面效应，反映了领导风格与资源柔性之间存在协同效应：变革型领导与高资源柔性正向促进企业创新绩效，交易型领导与低资源柔性更利于取得高绩效，这在一定程度上丰富了二元创新绩效的前置因素研究。

最后，本章基于主体建模与仿真方法，构建了二元创新资源动态配置模型，通过函数方程模型设置了领导风格、资源配置、知识创造、创新绩效之间的互动和反馈作用，进而区分了不同的领导方式在不同资源柔性条件下影响知识创造水平和创新绩效的机制。同时，将风险因素纳入模型，使得构建的二元创新资源动态配置机制进一步完善。研究成果为主体建模与仿真的相关研究提供借鉴，也为领导者适应风险、转变领导风格、调整资源柔性开展二元创新提供理论依据。

二、实践意义

首先，企业应平衡主流创新与新流创新，并不断通过探索新流创新来激发主流创新，实现可持续发展。企业可依据本章的企业划分标准，认清自身定位，在既定领导风格和资源柔性条件下对期望实现的绩效水平进行资源分配。为追求更高绩效水平，企业可以通过对参数 c 和 g 的调整来指导二元创新。变革型领导风格的企业应注重提高资源柔性，通过更灵活的资源配置，提高二元创新绩效。交易型领导风格的企业可以通过保持较小的资源柔性，追求平稳的绩效产出。

其次，新时代经济发展背景下，单一领导方式存在局限。交易型领导在短期内提升下属的工作积极性，驱使员工高效地完成个人目标，并与组织绩效目标高度协同，进而促使主流创新绩效目标的实现，却在一定程度上回避风险，忽略了对新知识的追求，不利于长远绩效；变革型领导重视对未来知识、能力、技术的探索，有利于提高组织的成长性，却容易在高风险环境下造成"过度探索"陷阱，不利于组织运行稳定性。因此，领导者应充分考虑领导方式与创新风险的匹配，在不同风险环境中运用不同的领导方式。

最后，领导力有效性的发挥，取决于领导者自身的水平。在二元创新进程中，变革型领导和交易型领导同等重要，关键在于领导者如何统筹兼顾以及灵活调整。领导者要进一步提升领导能力，从而能够驾驭兼具矛盾思维的双元领导风格，并主动适应环境，充分利用现有资源平衡二元创新，谋求更高绩效产出。

三、不足与展望

本章有一定局限性，仅考虑了变革型和交易型领导风格，未来可以探讨更多领导风格，如共享型领导、包容型领导、自我牺牲型领导、辱虐型领导、谦卑型领导等对企业二元创新绩效的影响机制。资源柔性的内涵可以从企业内外部资源扩展到闲置资源，将研究视角从资源配置转变为资源拼凑；同时，资源柔性存在过犹不及的"副作用"，过度柔性是研究缺口，相关研究有待进一步挖掘，以避免企业陷入"柔性陷阱"的风险。此外，后续研究还可以从不同维度分析个体、团队或组织层面的知识创造机制，并探讨各层次之间的内在关系。

附录　模型程序代码及详细说明

以下为第八章的模型程序代码,";;"之后的文字为注释,不会被程序运行。

```
breed[consumers consumer]
breed[firms firm]
consumers – own[
early – adopter          ;; 1 = 早期采纳者 0 = 晚期采纳者
priceweight                  ;;价格敏感程度,设定一个消费者对两种产品的
                             决策权重一致
rschweight               ;;创新敏感程度
mshrweight      ]         ;;市场敏感程度,3 权重之和等于 1
firms – own[
    cf      ;;能力柔性
    rf      ;;资源柔性
    % sr    ;; percent – resource = % of funds to research project 新流创新投入比
            例   % rsch ––– % sr
    % sd    ;;主流创新投入比例
    total – r           ;;厂商持续投入新流创新的资源总量,影响创新型产
                        品的创新程度
    total – d           ;;厂商持续投入主流创新的资源总量,影响改进型产
                        品的创新程度
    rstock              ;; inventory of innovative products
    dstock              ;; inventory of incremental products
    runmet              ;; unmet sales of research products
```

dunmet   ;; unmet sales of development products

rsales   ;; sales of research products

dsales   ;; sales of development products

totsales   ;; total sales

price1   ;; product price 创新型产品价格

price2   ;;改进型产品价格

price – position   ;;价格定位策略

cash   ;; accumulated firm cash

rbuild

dbuild

build – costs   ;; quarterly cost to build products

avg – profit   ;; every quarter's profits averaged over time

quarter – profit

quarter – mshr%   ;;是比率

avg – mshr%   ;; every quarter's market share averaged over time 是数量,不是比率

mshr   ;;每个季节 市场占有数量,即销售数量,等于 totsales

age   ;; age of the firm

no – profit   ;;亏损,连续 3 年则破产

       ]

globals[

num – early – adopter   ;;早期采纳者数量

otherfirm

controlfirm

newfirm

control – market – share   ;;本次交互(季度),控制企业的 市场份额

avg – control – share   ;;本次 run,100 个交互中,控制企业 平均市场占有率

max – control – share   ;;本次 run,100 个交互中,控制企业 最高市场占有率

min – control – share ;;本次 run,100 个交互中,控制企业 最低 市场占有率

avg – other – share ;;本次 run,100 个交互中,其他企业 平均 市场占有率

max – other – share ;;本次 run,100 个交互中,其他企业 最高 市场占有率

min – other – share ;;本次 run,100 个交互中,其他企业 最低 市场占有率

control – runmet

control – dunmet

control – avg – profit

max – market – share ;;本次交互(季度)的 其他企业 最大 市场份额

min – market – share ;;本次交互(季度)的 其他企业 最小 市场份额

avg – market – share ;;本次交互(季度)的 其他企业 平均 市场份额

totalmarket ;;本次交互(季度)的所有企业的 全部销售额,即市场总额

max – runmet

max – dunmet

max – avg – profit

quarter

running?

avg – price1

avg – price2

global – price1 ;;创新型产品价格 平均价格或者设定价格基准,全局变量

global – price2 ;;改进型产品价格

pfact1

pfact2

pickfirm

choose – by – price

choose – by – innov

choose – by – mshr

choose – by – random

```
    choose - by - stock
    choose - by - none
    num - consumers
    new - num - consumers;;    每个交互 新增消费者数量
    new - consumers;;           每个交互 新增消费者名称
    num - firms
    new - num - firms;;         每个交互 新增企业数量(用来判断多少季度增
                                加 1 个新企业)
    new - firm;;                新增企业名称
  ]


to Setup
  if running? = 1[stop]
  ca
  set quarter 0
  set running? 0
  set avg - other - share 1;12. 27 避免 0 除
  set global - price1  3       ;;创新型产品价格 4,3,2
  set global - price2  2       ;;改进型产品价格 2
  set min - control - share 100    ;;为了统计使用,需要设置本轮次 100 交互 控
制企业 最小市场占有率 初始最低值为 100
  set min - other - share 100        ;;为了统计使用,需要设置本轮次 100 交互 其
他企业 最小市场占有率 初始最低值为 100


  ;;type "quarter:" print quarter
  ask patches[ set pcolor yellow ]


;; -------- Begin to Set up consumers --------------------
  set - default - shape consumers "person"
  set num - consumers i - num - consumers
```

```
create − consumers num − consumers          ;;要用滑动变量设置 num − consum-
ers,
    [set color blue                                ;;后期采纳者为蓝色
    setxy random − float world − width;;screen − x
            random − float world − height;; screen − y
    ]
  ask consumers[set early − adopter 0                    ;;weightsettingISwrong!
          set priceweight precision(random − normal 33 11)1
          ;;set priceweight random 50 −−−−−−−− random 50 这样设置,会是的
mshrweight 大部分都是大于 50.(8.5),换 random − normal 33 11
          if  priceweight >49[ set priceweight 49];;设定价格权重,最高不
超过 50%
          set rschweight precision(random − normal 33 11)1 ;;  set rschweight
random 50
          if  rschweight >49[ set rschweight 49] ;;设定价格权重,最
高 50%
          set mshrweight precision(100 − priceweight − rschweight)1 ;;权重之和
等于 1
;; −−−−−−−−−−−−−−−−− below for test −−−−−−−−−−−−−−−−−
    ;;write "price weight:−− " show priceweight
    ;;write "innov weight:−− " show rschweight
    ;;write "mshr weight:−− " show mshrweight          ;; −−−−−−−−−−
    ]
  set num − early − adopter(num − consumers * 0.5);;一半 500 个
  ask n − of num − early − adopter consumers       ;;500 个消费者设置为早期采纳
者,红色
    [set early − adopter 1       ;; ask random # of consumers to become early
adopters
  set color red]              ;;早期采纳者为红色
;;;;;;;;;end of set up consumers;;;;;;;;;;;;;;;;;
```

```
;; write "num – early – adopter: –– " show num – early – adopter


    ;; ———————— Set up firm ——————————
  set – default – shape firms "house"
    let price – delta1 0
    let price – delta2 0
    let price – variance1 20  ;;创新性产品 价格偏差， 设置20%
    let price – variance2 10   ;;改进型产品 价格差异    设置10%
    let % sr – delta 0
    let % rs – variance 10;;          初始厂商 新流研发偏差10%
create – firms initial – num – firms[   ;;初始厂商数量及其属性,资源配置比例、
价格、初始资金、市场占有率、研发情况等
    set size 2
    set color black
    setxy (random – float world – width) (random – float world – height);;screen
– size – x ——— world – width, screen – size – y ——
    ifelse Pricing?                   ;; ———————— 价格设置 ——————————— 新流资
源比例设置
    [set price1 random – normal global – price1 (global – price1 * price – vari-
ance1 / 100)
       if price1 < =0[set  price1 random – normal global – price1 (global – price1
* price – variance1 / 100)]
    set price2 random – normal global – price2 (global – price2 * price – vari-
ance2 / 100)
       if price2 < =0[set price2 random – normal global – price2 (global – price2
* price – variance2 / 100)]
    set % sr random – normal initial – % sr (initial – % sr * % rs – variance /
100)]
    [set price1 global – price1
      set price2 global – price2
```

set % sr initial – % sr]

;;[set price – delta1（global – price1 ＊ random – float price – variance1）／ 100
;;创新型产品价格偏差

;;set price – delta2（global – price2 ＊ random – float price – variance2）／
100];;global – price1 和 price2

;;[set price – delta1 0

;;set price – delta2 0] ;;price – delta ————— price – delta1／2

;;ifelse 50 > random 100[set price1 global – price1 + price – delta1][set price1 global – price1 – price – delta1];;一半价格为增加,一半价格为减去偏差

;;ifelse 50 > random 100[set price2 global – price2 + price – delta2][set price2 global – price2 – price – delta2];;一半价格为增加,一半价格为减去偏差

;;设置初始新流创新资源配置比例 % sr = 50

;;set % sr – delta（initial – % sr ＊ random – float % rs – variance）／ 100 ;;
;;新流创新资源投入比例 偏差

;;ifelse 50 > random 100[set % sr initial – % sr + % sr – delta][set % sr initial – % sr – % sr – delta];;一半价格为增加,一半价格为减去偏差

set cash global – price2 ＊ num – consumers ／ initial – num – firms;;设定初始资金 1000/2 ＊2 = 1000 或者 1000/10 ＊2 = 200

set total – r 0

set total – d 0

set % sr precision % sr 2 ;;保留 2 位数

set price1 precision price1 2 ;;保留 2 位数

set price2 precision price2 2 ;;保留 2 位数

set avg – profit 1 ;;避免 0 除

set avg – mshr% 1 / initial – num – firms ;;初始设置平均市场占有率 num – consumers ／ initial – num – firms 1000/2

set mshr num – consumers ／ initial – num – firms ;;市场占有率 num – consumers ／ initial – num – firms 1000/2

```
    set rf initial - fr
        ; ; set[ rf] of controlfirm control - fr
    set age 0        ]
```

; ; ; ; ; ; ; ; ; ; ; ; ; ; ; ; ; ;完成 初始厂商数量及其属性等; ; ; ; ; ; ; ; ; ; ; ; ; ; ; ;

```
    set controlfirm turtle num - consumers     ; ;【控制厂商】第 1001 只乌龟,编号
```
1000,是第 1 家厂商
```
; ; ask firms[ if who > num - consumers        ; ;其他厂商设置方法之一,通过 turtle
- set 命令来实现
```
```
; ;[ set otherfirm turtle - set firms ]  ]     ; ;turtle - set 后面用 firms,会把所有企业
```
都算进去,没有排除控制企业。
```
; ;ask otherfirm[ write " these are other firms" show who] ; ;用于测试,看设置后
```
是否可以控制其他厂商,后经测试发现不对
```
    ask controlfirm[
    ; ;ask other firms[
    ; ; set color red
```
```
; ; write " these are other firms" show who]         ; ;其他厂商的设置方法之二,
```
是通过在 controlfirm 里面用 other 命令来实现。(8.6)
```
        ; ;show who
    set color cyan     ; ; set color - of controlfirm cyan
    set % sr initial - % sr
    set rf control - fr
    set price1 global - price1        ; ;初始设置为 global - price 的百分比。后面
```
有 adjust price 部分,会继续保持价格,或者调整为 avg
```
    set price2 global - price2]
```
```
    set otherfirm turtles with[ color = black]; ;其他厂商的设置方法之三,通过 颜
```
色 来设置
```
    ; ;ask otherfirm[ write " these are other firms" show who] ; ;用于测试,看设置
```
后是否可以控制其他厂商
```
        ; ; ifelse Pricing?
```

```
;;[ set price1 global - price1 + ( ( global - price1  *  control - price - level) /
100 )
    ;;set price2 global - price2 + ( ( global - price2  *  control - price - level) /
100) ]
set avg - price1 precision ( mean[ price1 ] of firms) 2 ;;平均价格保留三位数
set avg - price2 precision ( mean[ price2 ] of firms) 2
set num - firms initial - num - firms              ;;企业数量为初始数
;;;;;;;;;;;;;;;;;;;;;;;;;;;;;;;;;;;;;;;;;;;;;;;;;;;;;;;;;;;;;;;;;;;以下为测试
;;write "cash of controlfirm :" print[ cash ] of controlfirm        ;;对比 cash
;;write "cash of otherfirm:"     print[ cash ] of otherfirm
;;write "% sr of controlfirm :" print[ % sr ] of controlfirm        ;;对比资源
投入% Sr
;;write "% sr of otherfirm:"     print[ % sr ] of   otherfirm
;;write "price1 of control - firm :" print[ price1 ] of controlfirm       ;;对比
创新型产品价格
;;write "price1 of other - firm:" print[ price1 ] of otherfirm ;;
;;write "price2 of control - firm:" print[ price2 ] of controlfirm           ;;
对比改进型产品价格
;;write "price2 of other - firm:"     print[ price2 ] of otherfirm  ;;对比改进型
产品价格
;;write " avg - price1 when initial" show avg - price1
;;write " avg - price2 when initial" show avg - price2
reset - ticks
end;; ————————————— end of Set up firm ————  -
;; ————————— Run ——————————————————————
to go
    tick
    set running? 1
    set quarter ( quarter + 1 )
    ask firms[ set quarter - profit 0 ]                ;;每个季度初,上个季度净利
```

183

润清零

```
  ;; type "quarter:" print quarter
;;;;;;;;;;;;;;;below for test;;;;;;;;;;;;;;;清零,看消费者选择结果的次数
  set choose – by – price 0        ;;两个都有货,价格决定
  set   choose – by – innov  0   ;;两个都有库存,创新程度决定
  set   choose – by – mshr 0        ;;两个都有库存,市场知名度决定
  set choose – by – random 0 ;;两个都有货,无法判断
  set choose – by – stock 0 ;;表示 1 个缺货,直接选另一个
  set choose – by – none 0;;表示 2 个都缺货
;;;;;;;;;;;;;;;;;;;;;;;;;;;;;;;;;;;;;;;;;;;;;;;;;;;;;
  ask firms[ build – inventory ]             ;;让厂商生产不同类型产品,生成相
应库存
  ask consumers[ buy – product ] ;;if Network – effect? [ ask consumer[ check
– with – neighbors ] ],暂时不考虑网络效应
;;;;;;;;;;;;;;;;;;以下用于测试,后期可以删
;;ask controlfirm[ if age = 100[
  ;;write "choose – by – price" print choose – by – price ;;查看消费者选择的
次数
  ;; write "choose – by – innov" print choose – by – innov ;;查看消费者选择的
次数
  ;; write "choose – by – mshr" print choose – by – mshr ;;查看消费者选择的
次数
  ;; write "choose – by – random" print choose – by – random ;;查看消费者选
择的次数
  ;;  write "choose – by – stock" print choose – by – stock ;;查看消费者选择的
次数
  ;; write "choose – by – none" print choose – by – none ;;查看消费者选择的
次数
  ;;                      ]]
  ;;  write "dunmet of ctrl" print[ dunmet ] of controlfirm             ;;可
```

以对比选择次数和缺货之间的数量关系,已测试

　　;; 　write "runmet of ctrl" print[runmet] of controlfirm　　　　　　;;已

测试,choose − by − stock + 2 * choose − by − none = sum[unmet]　(8.7)

　　;; write "dunmet of other" print[dunmet] of otherfirm

　　;; write "runmet of other" print[runmet] of otherfirm

　　;;

　　ask firms[determine − profits]

　　collect − data

　　;;plot − % − research

　　;;plot − market − share

　　;;plot − relative − performance

　　;;;;;;;;;;;;;;;;;;;;;;;;;;;;;;;;;;;对比价格调整

　　;; write "price1 and price2" show[price1] of firms　　　show[price2] of firms

　　;; write "avg − price1/2 before adjust:" show avg − price1　　　show avg − price2

　　ask firms[adjust − % sr

　　　　　　　　adjust − price]

　　;;;;;;;;;;;;;;;;;;;;;;;;;;;;;;;;;;;;

;; write "price1 of control − firm :" print[price1] of controlfirm　　　　;;对比

创新型产品价格

;; write "price1 of other − firm:" show[price1] of otherfirm ;;

;; write "price2 of control − firm:" show[price2] of controlfirm　　　　　;;

对比改进型产品价格

　　;;write "price2 of other − firm:"　　show[price2] of otherfirm　;;对比改进型

产品价格

　　;; write "avg − price1/2 after adjust:" show avg − price1　　　show avg − price2

　　if Consumers − growth? [adjust − num − consumers]

　　if firm − die? [firm − die]

　　if Competitive − growth? [adjust − num − firms]

```
    set running? 0
end
;; ———————— run – end ————————————————
```

```
to build – inventory              ;;厂商生产产品
  let β 0 ;;                 build pool ———— β,  money available to build prod-
ucts,用于创新分配的资源 β
  let gap 0                        ;; desired – total – stock —— gap
  ;;let dbuild 0
  ;;let rbuild 0
  without – interruption[
    set age age + 1

    ifelse age = 1
    [ set gap   num – consumers / num – firms      ;;第 1 年需求缺口:gap = 500
或者 gap = 100
          ifelse turtle who = controlfirm          ;;设置观察厂商/控制厂商
    [ifelse (cash * (control – slack – resources / 100 ) ) > = gap          ;;
比较冗余资源和缺口
      [set β gap] ;;          write "β = gap1 = 500"     ;;用于测试,第一年
是显示这个,后面第 2 年也都是,因为 cash 足够
      [set β (cash * (control – slack – resources / 100 ))];;用于创新资金
不足,就把所有冗余资金用于创新
      ]
    [ifelse (cash * (slack – resources / 100 )) > = gap          ;;设置 其
他厂商,命令与控制厂商一样
      [set β gap]                    ;; yes
      [set β (cash * (slack – resources / 100 ))]    ;;(用于创新资金不
足,就把所有冗余资金用于创新)
      ]
```

];;;第 1 年设置结束

[set gap（runmet + dunmet + rsales + dsales　– dstock）　;;第 2 年开始,gap
总需求缺口 = 市场需求 – 已有库存; – rstock 设为 0

if gap < 0[set gap 0]　　　　　　　　　　　　;;需求缺口最低为 0,不会
为负,

　　ifelse turtle who = controlfirm　　　　　　　　　　　　　;;设
置观察厂商/控制厂商

　　　[ifelse（cash ＊（control – slack – resources / 100））> = gap　　　;;

　　[set β gap]　　　　　　　　;; yes

　　[set β（cash ＊（control – slack – resources / 100））]　　;;（用于
创新资金不足,就把所有冗余资金用于创新）

　　　]

　　　[ifelse（cash ＊（slack – resources / 100））> = gap　　　　　;;
设置 其他厂商,命令与控制厂商一样

　　　[set β gap]　　　　　　　　;; yes

　　　[set β（cash ＊（slack – resources / 100））]]
　　　　　　;;　　（用于创新资金不足,就把所有冗余资金用于创新）

　　　]

;; —————— 建立改进型产品库存 —————

set dbuild int(β ＊（1 –（% sr / 100）））　　　　　　　　;; dbuild
表示新增加(新生产)改进型产品量

set dstock dstock + dbuild　　　　　　　　;;库存等于原
库存加上新增产量

;;;;;;;;;;;;;;;; 测 试 改 进 型 产 品 投 入 及 其 产 出;;;; 2 个 值
一样;;;;;;;;;;;;;;;;;;;;;;;;;;;;;

;;write "β:" show β

;;write "resource for dbuild" show（int(β ＊（1 –（% sr / 100））　））

;; write "dbuild"　show dbuild;;屏幕监视 dbuild

;; ————— 建立创新型产品库存 ———

set rstock 0　;创新型产品库存是否可以累积?

```
    set cf initial - fc                        ;;设置 其他企业的 能力柔性
为0.8,
    ask controlfirm[set cf control - fc]       ;;设置 控制企业的 能力柔性,control
- fc = 0.8 (0.2 - 0.5 - 0.8 - 1.2 - 1.5)之间
    let RCF β * (%sr / 100) * cf               ;;r 表示用于新流创新资源 RCF
=   R * cf = β * Sr * cf   (0.5 -- 1.5
    set rbuild int (random - normal RCF (RCF * k1 / 100))   ;;设置新增创
新型产品量, k1 = 20   (10% 20% 30%)
    ;;set rbuild   RCF * (k1 / 10) * (random - poisson (1.1 - (k1 / 100)))
  ;;后期用泊松分布试试
    if rbuild < 0
    [set rbuild   0];;如果新流创新失败,rbuild = 0,
    ;;;;;;;;;;;;;;;;;;;;;显示 创新型产品投入 与 产出 (2 个值一般不一
样);;;;;;;;;;;;;;;;;;;;;;;;;;;;;;;
    ;;write "cf :" show cf
    ;;write "cf of control firm" type[cf] of controlfirm
    ;;write "R:" type (β * (%sr / 100))
    ;;write "R * cf = = resource for rbuild" show int((β * (%sr / 100)) *
cf)
    ;; write "rbuild"   show rbuild            ;;屏幕监视
                                               rbuild(8.7ok)


    set rstock rstock + rbuild                 ;;库存等于原库存加上新增量
    set cash precision ((cash - (dbuild + rbuild))) 2
        ;; use the cash to build the needed products,这里如果 rbuild 太多,要考
虑 cash 是不是不够?


    set build - costs (dbuild + rbuild)
    if cash < 0[set cash 0]                    ;;如果连续 2 年或者 3 年 cash 为 0,可
以设置倒闭 die
```

188

```
    set rsales 1                                      ;;为了消除 0
除,这里设为 1
    set dsales 1                                      ;;为了消除 0
除,这里设为 1
    set totsales 1                                    ;;为了消除 0
除,这里设为 1
    set runmet 0
    set dunmet 0
    set total – r total – r + rbuild ;;int (β * (% sr / 100))
    set total – d total – d + dbuild;;
  ]
```

```
;;;;;;;;;;;;;;;;;;;;;;;;;;;;;;;;;;;;;;;;;;;;;;;;;;;;;;;;;;;;;
        ;;write "gap of firm" print gap;;查看 gap
    ;;write "cash after build:" show cash
    ;; write "total – r:" print total – r
    ;;write "total – d:" print total – d
```

```
end;; ––––––––––––––––– end of build – inventory ––––––––––––––––––––––––
```

```
to buy – product ;; –––––––––––––––––––––––– 消费者购买商品 –––––––––––––
––––––––––––––––––––
```

```
    ;;local[stopit pricedelta innovdelta mktshrdelta priceweight innovweight mkt-
shrweight decision]
```

```
        let stopit false                ;;设定局域变量
        let pricedelta1 0
        let innovdelta1 0
        let mktshrdelta1 0
        let decision1 0
```

189

```
            let pricedelta2 0
            let innovdelta2 0
            let mktshrdelta2 0
            let decision2 0

            let weightdelta 0              ;;消费者消费倾向每季度也会微调

            let decide − by − price1 0
            let decide − by − innov1 0
            let decide − by − mshr1 0
            let decide − by − price2 0
            let decide − by − innov2 0
            let decide − by − mshr2 0


     without − interruption[
        set stopit false
        set pickfirm nobody
        set pfact1 one − of firms                              ;;
find a firm
        set pfact2 one − of firms                              ;;
find a second one
        while[pfact1 = pfact2][set pfact2 one − of firms]        ;; not a
duplicate firm

        ;;choose by stock 1st
        ifelse early − adopter = 1                    ;;如果是 早期采纳者,要比较
创新型产品库存
        [ifelse[rstock] of pfact1 > = 1
          [if[rstock] of pfact2 < 1                   ;;这里是 2,不是 1
             [set pickfirm pfact1
```

```
            set choose – by – stock choose – by – stock + 1                    ;;表示靠
```
有库存,完成 1 次销售
```
            ask pfact2[ set runmet runmet + 1 ]   ]        ;;set[ runmet ] of pfact2
```
(([runmet] of pfact2) + 1)]提示:不能对其使用 set
```
        ]            ;;选择 pfact1 ,则 pfact2 的 runmet + 1
      [ifelse[ rstock ] of pfact2 > = 1
        [ set pickfirm pfact2
            set choose – by – stock choose – by – stock + 1                  ;;表示靠有
```
库存,完成 1 次销售
```
            ask pfact1 [ set runmet runmet + 1 ]    ;;set[ runmet ] of pfact1
```
(([runmet] of pfact1) + 1)]   ;;选择 pfact2, , pfact1 的 runmet + 1
```
        ]
        [ ask pfact1 [ set runmet runmet + 1 ]   ;;set[ runmet ] of pfact1
```
(([runmet] of pfact1) + 1)   ;; nobody has stock ,2 个厂家都 unmet 加 1
```
        ask pfact2[ set runmet runmet + 1 ]
        set choose – by – none choose – by – none + 1     ;;表示都无库存,
```
完成 1 次消费者选择 ;set[runmet] of pfact2 (([runmet] of pfact2) + 1)
```
        set stopit true
        ]
      ]
    ]
```
    ;;以上 是对 早期采纳者 购买创新型产品的 2 个厂商是否有库存进行
比较


```
    [ ifelse[ dstock ] of pfact1 > = 1                    ;;ifelse early – adopter = 1
```
的后半段, = 0 即后期采纳者,就是要比较 改进型型产品 库存
```
      [ if[ dstock ] of pfact2 < 1            ;;厂商 1 有库存,厂商 2 库存
```
小于 2,选择厂商 1.　这里是 2? 为什么不是 1?
```
        [ set pickfirm pfact1
        set choose – by – stock choose – by – stock + 1              ;;表
```

示靠有库存,完成 1 次销售

```
                ask pfact2[ set dunmet dunmet +1] ]
        ] ;;set[dunmet] of pfact2 (([dunmet] of pfact2) +1)] ]
        [ifelse[dstock] of pfact2 > =1                    ;;ifelse[dstock] of
```
pfact1 > =1 的后半段:厂商 1 无库存。厂商 2 有库存,选择厂商 2,

```
        [set pickfirm pfact2
        set choose − by − stock choose − by − stock +1          ;;表示
```
靠有库存,完成 1 次销售

```
                ask pfact1[ set dunmet dunmet +1]
                ] ;;set[dunmet] of pfact1 (([dunmet] of pfact1) +1)]
        [ ask pfact1[ set dunmet dunmet +1] ;; set[dunmet] of pfact1
```
(([dunmet] of pfact2) +1)
ask pfact2[set dunmet dunmet +1] ;;set[dunmet] of pfact2 (([dunmet] of
pfact2) +1)

```
        set choose − by − none choose − by − none +1 ;;表示都无库存,完
```
成 1 次消费者选择 ;set[runmet] of pfact2 (([runmet] of pfact2) +1)

```
        set stopit true
        ]                              ;; nobody has stock,2 个厂家都 unmet
```
加 1

```
        ]
    ]
```

```
    if pickfirm = nobody[              ;; both companies have stock
    ;; pick randomly if there is no consumer choice
        ifelse Consumer − choice? = false
        [ifelse 50 > (random 100)[ set pickfirm pfact2 ][ set pickfirm pfact1 ] ]

        [ ;; determine decide − by
```
;;认为消费者每个季度的消费选择权重会在原有基础上 5% 范围上下
浮动,

```
set weightdelta random 5
ifelse 50 > ( random 100 ) [ set priceweight precision ( priceweight + ( price-
weight * weightdelta / 100 ) ) 1 ]
                                    [ set priceweight precision ( priceweight -
( priceweight * weightdelta / 100 ) ) 1 ]
        ifelse 50 > ( random 100 ) [ set rschweight precision ( rschweight +
( rschweight * weightdelta / 100 ) ) 1 ]
                                    [ set rschweight precision ( rschweight -
( rschweight * weightdelta / 100 ) ) 1 ]
```

set mshrweight precision (100 - priceweight - rschweight) 1 ; ;权重之和
等于 1

```
; ; ifelse 50 > ( random 100 ) [ set mshrweight precision ( mshrweight +
( mshrweight * weightdelta / 100 ) ) 1 ]
                                    ; ; [ set mshrweight precision ( mshrweight -
( mshrweight * weightdelta / 100 ) ) 1 ]
            ; ; ; ; ; ; ; ; ; ; ; ; ; ; ; ; ; ; ; ; ; ;    test    for    check
weight; ; ; ; ; ; ; ; ; ; ; ; ; ; ; ; ; ; ; ; ; ; ; ; ; ; ; ; ; ; ; ; ; ; ; ; ; ; ; ; ; ; ; ;
    ; ;write " price weight" show priceweight
    ; ; write" rsch weight" show rschweight
    ; ;write " market - share - weight" show mshrweight



; ; ; ; ; ; ; ; ; ; ; ; ; ; ; ; ; ; ; ; ; ; ; ; ; ; ; ; ; ; ; ; ; ; ; ; ; ; ; ; ; ; ; ; ; ; ; ; ; ; ; ; ; ; ; ; ; ; ; ; ; ; ;
```

set pricedelta1 (abs ([price1] of pfact1 - [price1] of pfact2)) / global -
price1 　; ;价格敏感型

set innovdelta1 (abs ([total - r] of pfact1 - [total - r] of pfact2)) /
((mean [total - r] of firms) + 1) ; ;创新敏感型(+1 是为了避免 0 除)

; ; set mktshrdelta1 (abs ([totsales] of pfact1 - [totsales] of pfact2)) /
(mean [totsales] of firms) ; ;市场敏感型

;;市场敏感型:用上一季度末(本季度初)平均市场销售额来代替,两种产品的市场份额取一样都是总的平均市场占有率。市场占有率是在消费者购买后又变化了

```
set mktshrdelta1 ( abs ( [ avg - mshr% ] of pfact1 - [ avg - mshr% ] of pfact2 ) ) / ( mean[ avg - mshr% ] of firms ) ;;市场敏感型
    ;;;;;;;;;;;;;;;;;;;;;;;;;;;;;;;;;;;测试权重;;;;;;;;;;;;;;;;
    ;; write " price delta1 :" show pricedelta1
    ;; write " innov delta11 :" show innovdelta1
    ;; write " mktshr delta1 :" show mktshrdelta1
        set decide - by - price1 priceweight * pricedelta1
        set decide - by - innov1 rschweight * innovdelta1
        set decide - by - mshr1 mshrweight * mktshrdelta1


    ;;;;;;;;;;;;;;;;;;;;;;;;;;;;;;;;;;;测试决策因子;;;;;;;;;;;;;;;;
    ;; write " decide - by - price1 :" show decide - by - price1
    ;;write " decide - by - innov1 :" show decide - by - innov1
    ;; write " decide - by - mshr1 :" show decide - by - mshr1
    set pricedelta2 ( abs ( [ price2 ] of pfact1 - [ price2 ] of pfact2 ) ) / global - price2
    set innovdelta2 ( abs ( [ total - d ] of pfact1 - [ total - d ] of pfact2 ) ) / ( mean[ total - d ] of firms ) ;;
    ;;set mktshrdelta2 ( abs ( [ totsales ] of pfact1 - [ totsales ] of pfact2 ) ) / ( mean[ totsales ] of firms )
        set mktshrdelta2 ( abs ( [ avg - mshr% ] of pfact1 - [ avg - mshr% ] of pfact2 ) ) / ( mean[ avg - mshr% ] of firms ) ;;市场敏感型    ,改进型与创新型产品一样

        set decide - by - price2 priceweight * pricedelta2
        set decide - by - innov2 rschweight * innovdelta2
        set decide - by - mshr2 mshrweight * mktshrdelta2
```

```
;; make decision
ifelse early – adopter = 1
    [ifelse decide – by – price1  > = decide – by – innov1                    ;;
前期采纳者
        [ifelse decide – by – mshr1 > decide – by – price1 [set decision1
3][set decision1 1]]
        [ifelse decide – by – mshr1 > decide – by – innov1 [set decision1
3][set decision1 2]] ]
    [ifelse decide – by – price2  > = decide – by – innov2                    ;;后
期采纳者
        [ifelse decide – by – mshr2 > decide – by – price2 [set decision2 3][set
decision2 1]]
        [ifelse decide – by – mshr2 > decide – by – innov2 [set decision2 3][set
decision2 2]]]


;; pick randomly
if decision1 = 0[ifelse 50 > (random 100) [set pickfirm pfact2][set
pickfirm pfact1]]
if decision2 = 0[ifelse 50 > (random 100) [set pickfirm pfact2][set
pickfirm pfact1]]


;; choose by price                    ;;前期采纳者购买决策 --- 价格
if decision1 = 1[ set choose – by – price choose – by – price + 1
    ifelse pricedelta1 > random – float 1                    ;;pricedelta1 > ran-
dom – float 1?
        ;;set pricedelta1 (abs ([price1] of pfact1 – [price1] of pfact2)) /
global – price1;;
        [ifelse [price1] of pfact1  > [price1]  of pfact2 [set pickfirm
pfact2][set pickfirm pfact1]]
```

```
                    [ set choose - by - random choose - by - random + 1
        set choose - by - price choose - by - price - 1              ;;这里是
指本来按价格决策,但是又没通过忍受度验证
                        ifelse 50 > ( random 100 ) [ set pickfirm pfact2 ] [ set pickfirm
pfact1 ] ] ]


                    ;; choose by innovativeness
        if decision1 = 2 [ set choose - by - innov choose - by - innov + 1
            ifelse innovdelta1 > random - float 1
            [ ifelse [ total - r ] of pfact1  > [ total - r ] of pfact2 [ set pickfirm
pfact1 ] [ set pickfirm pfact2 ] ]
                    [ set choose - by - random choose - by - random + 1
        set choose - by - innov choose - by - innov - 1 ;;这里是指本来
按创新程度决策,但是又没通过忍受度验证
                        ifelse 50 > ( random 100 ) [ set pickfirm pfact2 ] [ set pickfirm
pfact1 ] ] ]


                    ;; choose by market share
        if decision1 = 3 [     set choose - by - mshr choose - by - mshr + 1
            ifelse mshrweight > random 50
        [ ifelse [ avg - mshr% ] of pfact1  > [ avg - mshr% ] of pfact2 [ set pick-
firm pfact1 ] [ set pickfirm pfact2 ] ]
            ;;使用上季度的 avg - mshr% ,本季度实时总销售量 totsales 做判断依
据,已验证不行。
                    [ set choose - by - random choose - by - random + 1
        set choose - by - mshr choose - by - mshr - 1 ;;这里是指本来按
创新程度决策,但是又没通过忍受度验证
                        ifelse 50 > ( random 100 ) [ set pickfirm pfact2 ] [ set pickfirm
pfact1 ] ] ]
```

;; choose by price　　　　　　;;后期采纳者购买决策 ——— 价格

if decision2 = 1 [set choose – by – price choose – by – price + 1

　　ifelse pricedelta2 > random – float 1　　　　　　;;pricedelta1 > ran-dom – float 1？

;;set pricedelta1（abs（[price1] of pfact1 – [price1] of pfact2））/ global – price1 ;;

[ifelse [price2] of pfact1 > [price2] of pfact2 [set pickfirm pfact2] [set pickfirm pfact1]]

[set choose – by – random choose – by – random + 1

set choose – by – price choose – by – price – 1

ifelse 50 >（random 100）[set pickfirm pfact2] [set pickfirm pfact1]]]

;; choose by innovativeness

if decision2 = 2 [set choose – by – innov choose – by – innov + 1

　　ifelse innovdelta2 > random – float 1

[ifelse [total – d] of pfact1 > [total – d] of pfact2 [set pickfirm pfact1] [set pickfirm pfact2]]

[set choose – by – random choose – by – random + 1

set choose – by – innov choose – by – innov – 1 ;;这里是指本来按创新程度决策,但是又没通过忍受度验证

ifelse 50 >（random 100）[set pickfirm pfact2] [set pickfirm pfact1]]]

;; choose by market share

if decision2 = 3 [set choose – by – mshr choose – by – mshr + 1

　　ifelse mshrweight > random 50

[ifelse [avg – mshr%] of pfact1 > [avg – mshr%] of pfact2 [set pickfirm pfact1] [set pickfirm pfact2]]

;;使用上季度的 avg – mshr% ,本季度实时总销售量 totsales 做判断依

据,已验证不行。

```
                [ set choose – by – random choose – by – random + 1
                set choose – by – mshr choose – by – mshr – 1 ;;这里是指本来按
市场占有率决策,但是又没通过忍受度验证
                    ifelse 50 > ( random 100 ) [ set pickfirm pfact2 ] [ set pickfirm
pfact1 ] ] ]
                ]
            ]
        ;; buy
        if stopit = false [
            ifelse early – adopter = 1
            [ ask pickfirm [ set rstock rstock – 1 ;;set [ rstock ] of pickfirm ( ( [ rstock ]
of pickfirm ) – 1 )
                set rsales rsales + 1 ] ]          ;;set [ rsales ] of pickfirm ( ( [ rsales ] of
pickfirm ) + 1 ) ]
            [ ask pickfirm [ set dstock dstock – 1        ;; set [ dstock ] of pickfirm
( ( [ dstock ] of pickfirm ) – 1 )
                set dsales dsales + 1 ] ]          ;;set [ dsales ] of pickfirm ( ( [ dsales ] of
pickfirm ) + 1 ) ]
            ask pickfirm [ set totsales totsales + 1 ]      ;; set [ totsales ] of pickfirm ( ( [ tot-
sales ] of pickfirm ) + 1 )
                ]
            ]
end
;; ———————— to buy – product 消费者购买结束 ————————————

to determine – profits                ;;主体是企业,变量是局部变量,或者 own
变量

            let quarter – sales 0              ;;销售额
```

```
          ;;let quarter - profit 0                    ;;净利润
     set rsales rsales - 1         ;;统计的时候,要减去之前为避免 0 除而增加的 1,
下同。
     set dsales dsales - 1
     set totsales totsales - 1


     set quarter - sales precision ( rsales ∗ price1 + dsales ∗ price2) 6              ;;
创新型产品和改进型产品价格不一样,这里是销售额
     set quarter - profit quarter - sales - build - costs            ;;本季度净利润等于销
售额减去生产成本
     ifelse quarter - profit < 0 [ set no - profit no - profit + 1 ] [ set no - profit 0 ]
;;净利润为负,连续 3 年则 firm - die = 3,则破产
     set avg - profit precision ( avg - profit + ( ( quarter - profit - avg - profit ) /
age ) ) 6              ;;平均利润,初始值为 0,第 1 年净利润即第 1 年的平均利润。
     ;;if avg - profit < 0 [ set avg - profit 0 ]
     set cash precision ( cash + quarter - sales ) 2                    ;;现金等于现金
加上本季度销售额(这里的现金已经减去了生产成本)
;;平均占有率百分比,初始设置时,avg - mshr% = 1/num - firms,所以 age = 1 的
时候,要先改回为 0,再加回来。
;;;;;;;;;;;;以下为测试程序;;;;;;;;;;;;;;;;;;;
;; show " rsales " print rsales
;;show " dsales " print dsales
;; show " totsales " print totsales
;; show " quarter - sales:money " print quarter - sales
;; show " buildcost:money "   print build - costs
  ;;show " quarter - profit:money " print quarter - profit
;; show " cash aftersale money "   print cash
end


to collect - data     ;;主体是观察者,这里的变量都是全局变量
```

```
set totalmarket 0    ;;locals[ totalmarket ]
```

```
set totalmarket precision (sum[ totsales ] of firms) 2    ;;保留 2 位小数
if totalmarket < 1[ set totalmarket 1 ]
set max - runmet precision (max[ runmet ] of firms) 2
set max - dunmet precision (max[ dunmet ] of firms) 2
set max - avg - profit precision (max[ avg - profit ] of firms) 2                   ;;找
```
到每个季度最大的平均利润值
```
set max - market - share precision ((( max[ totsales ] of otherfirm) * 100) /
totalmarket) 2    ;;本交互(季度),其他厂商本季度的最大市场占有率
```
```
set min - market - share precision ((( min[ totsales ] of otherfirm) * 100) /
totalmarket) 2    ;;本交互(季度),其他厂商最小市场占有率
```
```
set avg - market - share (( mean[ totsales ] of otherfirm) * 100) /totalmarket
;; 本交互(季度),其他厂商本季度平均市场占有率;
```
  ;; --- 需要的是 100 个交互中取得的平均值和最大、最小值,所以用下列命令获得:
```
if max - market - share > max - other - share[ set max - other - share max -
market - share];;本次 run,100 个交互中,其他企业 最高 市场占有率
```
```
if min - market - share < min - other - share[ set min - other - share min - mar-
ket - share];;本次 run,100 个交互中,其他企业 最小 市场占有率
```
```
ask controlfirm[ set avg - other - share    avg - other - share + (( avg - market
- share - avg - other - share) / age)];;100 个交互中,其他企业 平均 市场占有率
```
```
;;age 是 firm - own,这里要用控制企业乌龟来执行命令,否则会被执行两次
ask otherfirm[ set quarter - mshr%[ totsales ] of self * 100 / totalmarket    ;;本季
```
度其他企业的市场占有率
```
if age = 1[ set avg - mshr% 0 ]                   ;;第一季,先清零,再加上本季
```
占有率%,就是累计值。第 2 季度开始就可以直接按照下面公式计算
```
set avg - mshr% precision (avg - mshr% + (( quarter - mshr% - avg - mshr% )
/ age )) 2        ]
```

set control – market – share (([totsales] of controlfirm) * 100) / totalmarket

;;控制厂商的市场占有率,每个交互,实时的占有率

　;;set avg – control – share precision (avg – control – share + ((control – market – share – avg – control – share) / age)) 2 　 ;;只有 1 家控制企业,其平均值是历史平均值,age 是 turtle – own

;; – –需要的是 100 个交互中取得的平均值和最大、最小值,所以用下列命令获得:

ask controlfirm [set avg – control – share precision (avg – control – share + ((control – market – share – avg – control – share) / age)) 2] ;;age 是 firm – own,不是全局变量

if control – market – share > max – control – share [set max – control – share control – market – share] ;;初始 max – control – share =0

if control – market – share < min – control – share [set min – control – share control – market – share] ;;初始 min – control – share 需要设置为 100

　　set control – runmet precision ([runmet] of controlfirm) 2

　　set control – dunmet precision ([dunmet] of controlfirm) 2

　　set control – avg – profit 　 [avg – profit] of controlfirm

　　ask controlfirm [　　　　　　　　　 ;;age 是 turtle – own,所以要用乌龟命令

set quarter – mshr% [totsales] of controlfirm * 100 / totalmarket 　 ;;本季度市场占有率

　　if age =1 [set avg – mshr% 0] 　　　　　　　　 ;;第一季,先清零,再加上本季占有率% ,就是累计值。第 2 季度开始就可以直接按照下面公式计算

　　set avg – mshr% precision (avg – mshr% + ((quarter – mshr% – avg – mshr%) / age)) 2

　　if age =100 [　　　　　　　　　　　 ;;统计 100 交互后的值

　　;;write" age = – "

show age

;;write " dbuild:" show [dbuild] of controlfirm

;;write " rbuild of control:" show [rbuild] of controlfirm

```
;; write "build cost:" show[build - costs] of controlfirm
;; write " ── rsale of control:" show[rsales] of controlfirm
;; write " ── dsale of control:" show[dsales] of controlfirm
;; write " ── totsale of control:" show[totsales] of controlfirm
;; write " ── rsale of others:" show[rsales] of otherfirm
;; write " ── dsale of others:" show[dsales] of otherfirm
;; write " ──── totsale of others:" show[totsales] of otherfirm
;; write " ────────── totalmarket:" show totalmarket
;; write "price1 of control" show  [price1] of controlfirm
;; write "price2 of control " show[price2] of controlfirm
;; write "price1 of others" show  [price1] of otherfirm
;; write "price2 of others " show[price2] of otherfirm
;; write " ── % sr" show[% sr] of controlfirm
;; write "other ── % sr" show[% sr] of otherfirm
;; write "avg - market - share:" type avg - market - share
;; write "max - market - share:" type max - market - share
;; write "min - market - share:" show min - market - share
;; write "k1 = =" print k1
;; write "control - quarter - profit:" show precision ([quarter - profit] of control-
firm) 2
;; write "other - quarter - profit:" show  ([quarter - profit] of otherfirm)
;; write "other - mean - quarter profit" show precision (mean[quarter - profit] of
otherfirm) 2
;; write "longrun control' avg ── profit:" show precision ([avg - profit] of control-
firm)2
;; write "longrun other's mean avg - profit" show precision (mean[avg - profit] of
otherfirm ) 2


;; write "control - quarter - mshr%:" show precision ([quarter - mshr%] of con-
trolfirm) 2
```

```
;;write "[totsales] of controlfirm) " show[totsales] of controlfirm

;;write "other – quarter – mshr% :" show  [quarter – mshr%] of otherfirm

;;write "[totsales] of otherfirm) " show[totsales] of otherfirm

;; write "other – mean – quarter mshr% " show precision (mean[quarter – mshr%]
of otherfirm) 2

;;write "other – mean – totsales" show precision (mean[totsales] of otherfirm) 2

;;write "totalmarket ————— :" show sum[totsales] of firms

;;write "totalmarket ———— % – :" show sum[quarter – mshr%] of firms


;;write "longrun control' avg –– mshr:" show precision ([avg – mshr%] of control-
firm) 2    ;;avg – mshr%是数量

;; write "longrun other  ' avg –– mshr:" show  precision( mean ([avg – mshr%]
of otherfirm)) 2   ;;avg – mshr%是数量

;;write "longrun control' avg –– control – share:" show precision (avg – control –
share) 2   ;;avg – control – share 和 avg – other – share 是百分比

;;write "longrun other  ' avg –– control – share:" show precision (avg – other –
share) 2

;;write "longrun other's mean avg – mshr%" show precision (mean[avg – mshr%]
of otherfirm ) 2


;; write " control profit / other profit:"
print precision ([avg – profit] of controlfirm / mean[avg – profit] of otherfirm)  2
;;write " control mshr / other mshr:"
;; print   precision ( avg – control – share / avg – other – share)  2
;;print num – firms
;; write "control' cash:" show[cash] of controlfirm
;; write "other cash:" show[cash] of otherfirm
;;write "real time control – market – share" type control – market – share     ;;
控制企业,本季度 实时 市场占有率
;;write "avg – market – share" show  avg – control – share;;单独显示控制企业
```

203

100 个季度的平均占有率

```
;;show "avg - max - min -    control    vs other    " print avg - control - share
print max - control - share    print min - control - share;;控制企业 本次 run,100
个交互中,avg max min
;;print avg - other - share print max - other - share print min - other - share ;;本
次 run,100 个交互中,其他企业 avg max min
            ]   ]
end
```

```
to adjust - %sr                ;; ask firms[ adjust - %sr      adjust - price],是局
部命令
    ;;write "%sr " show %sr
    if rf = 0[ stop]
    if rsales = 0[ set rsales 1]                        ;;避免 0 除
    if dsales = 0[ set dsales 1]                        ;;避免 0 除
    if (runmet / rsales) > (dunmet / dsales)[
        set %sr (%sr + rf)
        if %sr > = 100[ set %sr 99]
    ]
    if (runmet / rsales) < (dunmet / dsales)[
        set %sr (%sr - rf)
        if %sr < = 0[ set %sr 1]
    ]
;;;;;;;;;;;;;;;;;;;;;;;;;;;;;;;;;;;;;;;;test
;; write "%sr + - rf" show %sr
end
```

```
;;;;;;;;;;;;;;;;;;;;;价格调整,不调整的话 decide - by - price 基本不变;;
```

to adjust – price   ;;价格调整的思路,应该是根据市场占有率,占有率低的,倾向于降价,

  let price – delta1 0

  let price – delta2 0

  let price – variance1 20;;创新性产品调价程度为20%,如果太低了几乎不起作用

  let price – variance2 10;;改进型产品 调价程度10%

;;write "price1" show price1

;;write "price2" show price2

    ifelse Pricing1?   ;;调整价格设置:其余企业随机波动20%(创新型)————10%(改进型)

  [set price – delta1 abs((price1 ＊ random – float price – variance1) ／ 100)

  ;;创新型产品价格偏差

  set price – delta2 abs((price2 ＊ random – float price – variance2) ／ 100)];;global – price1 和 price2

    [set price – delta1 0

  set price – delta2 0]   ;;price – delta —————— price – delta1/2

    ifelse totsales ＞(totalmarket ／ num – firms)

  [ifelse 60＞random 100[set price1 price1 + price – delta1

  set price2 price2 + price – delta2][set price1 price1 set price2 price2]];;如果市场占有率大于均值,有60%的可能性涨价,40%可能性不变

  ;;random 100[set price1 price1 + price – delta1][set price1 price1 – price – delta1] ;;一半价格为增加,一半价格为减去偏差

  [ifelse 60＞random 100[set price1 price1 – price – delta1 ;;如果市场占有率低于均值,有60%可能性降价,40%可能性不变

  set price2 price2 – price – delta2][set price1 price1 set price2 price2]]

  if price1 ＜ ＝1. 2[set price1 1. 2]   ;;这里是为了让价格在0. 3 – 3 倍 global 价格区间

```
    if price2 < =0.6[set price2 0.6]
    if price1 >12[set price1 12]
    if price2 >6[set price2 6]
        set price1 precision price1 2              ;;保留 2 位数
        set price2 precision price2 2              ;;保留 2 位数


    ;;ask controlfirm[                          ;;控制企业按价格策略,保持平均价格?
或者平均价格 + - control - price - level %
        ;;ifelse Pricing1?
    ;;[set price1 global - price1 + ((global - price1 * control - price - level) /
100)
    ;;   set price2 global - price2 + ((global - price2 * control - price - level) /
100)]                   ;;可以设置为 2 和 3 不变,也可以根据上季度末平均价格
来设置,
    ;;[set price1 global - price1
    ;;   set price2 global - price2]
    ;;   set price1 precision price1 2              ;;保留 2 位数
    ;;   set price2 precision price2 2              ;;保留 2 位数
    ;;      ]
    set avg - price1 precision (mean[price1] of firms) 2;;平均价格保留三位数
    set avg - price2 precision (mean[price2] of firms) 2
;;write "adjusted price1" show price1
;;write "adjusted price2" show price2
    end


to adjust - num - consumers              ;;全局命令
    if Consumers - growth?
    [ set new - num - consumers int (num - consumers * growth - rate / 1000);;
新增加消费者数量 千分之十六,即每个季度 1.6%,4 个季度(1 年)达到 6.5%
        set num - consumers num - consumers + new - num - consumers]
```

```
      create – consumers new – num – consumers          ;;要用滑动变量设置 num
– consumers，
   [ set color pink                              ;;先用粉色标识新消费者
   setxy random – float world – width; ; screen – x
         random – float world – height; ; screen – y
   ]
set new – consumers consumers with[ color = pink ];
ask new – consumers
   [ set early – adopter 0                    ;;weightsettingISwrong!
      set priceweight precision (random – normal 33 11) 1
```

;;set priceweight random 50 如果这样设置，会使得 mshrweight 大部分都是大于 50，因此改成 random – normal 33 11

```
         if    priceweight >49[ set priceweight 49 ] ;;设定价格权重，最高不
```
超过 50%

```
      set rschweight precision (random – normal 33 11) 1 ;;    set rschweight
random 50
```

```
         if    rschweight > 49 [ set rschweight 49 ] ;;设定价格权重，最
```
高 50%

```
      set mshrweight precision (100 – priceweight – rschweight) 1 ;;权重之和
```
等于 1
```
   ]
   ;; —————————————— below for test ————————————
   ;;write " price weight: — " show priceweight
   ;; write " innov weight: — " show rschweight
   ;;write " mshr weight: — " show mshrweight          ;; —————————


set num – early – adopter int (new – num – consumers ＊ 0.5);;一半
   ;;write " num – early – adopter" show num – early – adopter
   ask n – of num – early – adopter new – consumers        ;;一半的新消费者设置
```
为早期采纳者，红色

```
    [set early - adopter 1        ;; ask random # of consumers to become early
adopters
    set color red]                      ;;早期采纳者为红色


  ask new - consumers with[color = pink]
  [set color blue]                ;;后期采纳者为蓝色
  ;;write "early adopter" show count consumers with[color = red] write "later
adopter" print count consumers with[color = blue]
;;ask controlfirm    [    if age = 100
  ;;[   write "new   consumers" print new - num - consumers write" all consum-
ers" print num - consumers
  ;;   write "early adopter" print count consumers with[early - adopter = 1] write
"later adopter" print count consumers with[early - adopter = 0]
;;  ]
  ;;                   ]
end


to firm - die    ;;全局变量
  if firm - die? [
    ifelse num - firms > 2
    [;;ask controlfirm[ if no - profit = 3[die        stop]]
      ask otherfirm[if no - profit = 3[  die ]];;   write "one firm die" show who
这句可以放在die前面,用来检测哪个被淘汰
      set num - firms count firms ] ;;write" num - firms ------ !! ---- :"
show num - firms ]
    ]
end


to adjust - num - firms;;全局命令
  if Competitive - growth?
```

[set new – num – firms new – num – firms + 0.05;;增长率0.05,每20个季度新增1个厂商

  ifelse new – num – firms > = 1

     [set new – num – firms 0   ;;增长率清零

    set num – firms num – firms + 1

    create – firms 1[;;初始新增厂商属性,资源配置比例、价格、初始资金、市场占有率、研发情况等

     set size 2

     set color pink

     setxy (random – float world – width) (random – float world – height);;screen – size – x ―― world – width,screen – size – y ――

     set price1 mean([price1] of otherfirm)

     set price2 mean([price2] of otherfirm)

    set %sr initial – %sr

    set cash global – price2 * i – num – consumers / initial – num – firms;;初始cash:2 * 1000/4 = 500(4个厂商)   或者2 * 1000/10 = 200 (10个厂商)

     set total – r mean ([total – r] of otherfirm)

     set total – d mean ([total – d] of otherfirm)

    set %sr precision %sr 2   ;;保留2位数

    set price1 precision price1 2   ;;保留2位数

    set price2 precision price2 2   ;;保留2位数

     set avg – profit mean ([avg – profit] of otherfirm)   ;;将历史平均净利润设定为其他企业的平均值

     set avg – mshr% mean ([avg – mshr%] of otherfirm)   ;;

     set mshr mean ([mshr] of otherfirm)   ;;

     set rf initial – fr

     set cf initial – fc

     set age[age] of controlfirm   ;;这里要把时间同步,这样在20 – 21季度新增一个企业后,avg – profit 才正确。

```
                              ]
          set newfirm firms with[ color = pink ]
          ;;write "% sr of new" show[ % sr ] of newfirm
          ;;write " price1" show[ price1 ] of newfirm
          ;;write "price2" show   [ price2 ] of newfirm
          ;;write "cash" show[ cash ] of newfirm
          ;;write "total − r:" show[ total − r ] of newfirm
          ;;write "total − d:" show[ total − d ] of newfirm
          ;;write" avg − profit" show[ avg − profit ] of newfirm
          ;;write" avg − mshr% :" show[ avg − mshr% ] of newfirm
          ;;write "mshr:" show[ mshr ] of newfirm
          ;;write "rf and cf:" show[ rf ] of newfirm print[ cf ] of newfirm
          ask newfirm[ set color black ]
          set otherfirm turtles with[ color = black ]
          ;;write" num − firms:" show num − firms
       ]
       ]

end
```

参 考 文 献

［1］刘建国. 技术间断点及其障碍跨越分析［J］. 科技进步与对策，2013，30（1）：11－15.

［2］Kanter R M. Swimming in Newstreams：Mastering Innovation Dilemmas［J］. California Management Review，1989，31（4）：45－69.

［3］Holland J. Hidden Order：How Adaptation Builds Complexity［M］. MA：Addision－Wesley Publishing Company，1995.

［4］Ziman J M. Technological Innovation as an Evolutionary Process［M］. Cambridge：Cambridge University Press，2000.

［5］贾根良. 进化经济学：开创新的研究程序［J］. 经济社会体制比较，1999（3）：67－72.

［6］李伟丽. 生物进化与技术创新演化的同构性研究［D］. 北京：北京化工大学，2006.

［7］杨勇华. 演化经济学视角下的技术创新机制与政策研究［M］. 北京：社会科学文献出版社，2015.

［8］Dosi G. Sources，Procedures，and Microeconomic Effects of Innovation［J］. Journal of Economic Literature，1988，26（3）：1120－1171.

［9］Roe M J. Chaos and Evolution in Law and Economics［J］. Harvard Law Review，1996，109（3）：641－668.

［10］Lee K，Lim C. Technological Regimes，Catching－up and Leapfrogging：Findings from the Korean Industries［J］. Research Policy，1999，30（3）：459－483.

［11］Jenkins M，Floyd S. Trajectories in the Evolution of Technology：A Multi－Level Study of Competition in Formula One Racing［J］. Organization Studies，2001，22（6）：945 – 969.

［12］傅家骥．技术经济学前沿问题［M］．北京：经济科学出版社，2003.

［13］和矛，李飞．行业技术轨道的形成及其性质研究［J］．科研管理，2006，27（1）：35 – 39.

［14］张立超，刘怡君．技术轨道的跃迁与技术创新的演化发展［J］．科学学研究，2015，33（1）：137 – 145.

［15］苏敬勤，刘建华，王智琦，等．颠覆性技术的演化轨迹及早期识别——以智能手机等技术为例［J］．科研管理，2016，37（3）：13 – 20.

［16］陈功玉，钟祖昌，邓晓岚．企业技术创新行为非线性系统演化的博弈分析［J］．南方经济，2006（4）：110 – 118.

［17］郑燕，张术丹，魏哲妍，等．企业技术创新的演化分析框架［J］．科技管理研究，2007，27（8）：18 – 21.

［18］林云．基于演化视角的内生技术创新［J］．预测，2008，27（5）：45 – 48.

［19］李建钢，李秉祥．创新型企业成长过程中创新演化的阶段特征及仿真模拟［J］．运筹与管理，2015，24（3）：227 – 233.

［20］张培富，李艳红．技术创新过程的自组织进化［J］．科学管理研究，2000（6）：1 – 4.

［21］胡俊成，侯峻．创新诱导模型、技术演化阶段及其对转型国家的启示［J］．现代管理科学，2007（5）：47 – 49.

［22］张燕航．基于技术轨道视角的技术创新演化机制研究［J］．科技进步与对策，2015，32（11）：10 – 14.

［23］Utterback J M，Abernathy W J. A Dynamic Model of Process and Product Innovation［J］. Omega，1975，3（6）：639 – 656.

［24］吴晓波．二次创新的进化过程［J］．科研管理，1995，16（2）：27 – 35.

［25］曹素璋，高阳，张红宇．企业技术能力与技术创新模式选择：一个梯度演化模型［J］．科技进步与对策，2009，26（1）：79 – 83.

［26］陈勇星，屠文娟，杨晶照．基于技术能力的企业技术创新模式选择

及其演进研究［J］．科技进步与对策，2012，29（14）：83－89．

［27］Blomström M，Sjöholm F. Technology Transfer and Spillovers：Does Local Participation with Multinationals Matter？［J］．European Economic Review，1999，43（4－6）：915－923．

［28］黄中伟，孟秀兰，张胜男．后发企业技术创新模式选择模型研究——以浙江铭道公司实证分析为例［J］．科技与管理，2016，18（1）：33－39．

［29］陈月梅，徐康宁．技术特性与企业技术创新模式选择［J］．技术经济与管理研究，2014（3）：19－23．

［30］魏江．企业技术能力研究的发展与评述［J］．科学管理研究，2000，18（10）：20－23，33

［31］宗蕴璋，方文辉．企业技术创新能力的演化分析——基于知识的视角［J］．经济管理，2007，29（22）：64－68．

［32］赵晓庆，许庆瑞．企业技术能力演化的轨迹［J］．科研管理，2002，23（1）：70－76．

［33］陈力田，许庆瑞，吴志岩．战略构想、创新搜寻与技术创新能力演化——基于系统动力学的理论建模与仿真研究［J］．系统工程理论与实践，2014（7）：1705－1719．

［34］Romijn H. Albaladejo M. Determinants of Innovation Capability in Small Electronics and Software Firms in Southeast England ⌊J⌋．Research Policy，2002，31（7）：1053－1067．

［35］何巨峰，谢卫红．技术生态位与技术能力演化关系实证研究［J］．系统工程，2008，26（5）：36－41．

［36］王毅．我国企业复杂技术创新能力研究：基于三维模型的成长路径［J］．管理工程学报，2011，25（4）：203－212．

［37］刘昌年，马志强，张银银．全球价值链下中小企业技术创新能力影响因素研究——基于文献分析视角［J］．科技进步与对策，2015，32（4）：57－61．

［38］何园，张峥．基于战略地图与系统动力学的技术创新能力模拟［J］．系统管理学报，2016（1）：185－191．

［39］Solomos S. Economic Cycles：Long Cycles and Business Cycles since 1870［M］. Manchester：Manchester University Press，1998.

［40］Tushman M L，Smith W K，Wood R C，et al. Organizational Designs and Innovation Streams［J］. Industrial & Corporate Change，2010，19（5）：1331 – 1366.

［41］张军，龚建立. 企业如何实施持续创新［J］. 软科学，2002（1）：74 – 77.

［42］刘秋岭，张雷，徐福缘. 技术系统多层级共同演化的动力机制［J］. 科学学与科学技术管理，2010（9）：9 – 14.

［43］吕玉辉. 生态学视角下的企业技术创新生态域［J］. 科技管理研究，2010（16）：189 – 191.

［44］Brantle T F，Fallah M H. Complex Knowledge Networks and Invention Collaboration［M］. Berlin：Springer，2011.

［45］朱斌，吴佳音. 自主创新进程探索：主流与新流的动态演进——基于福建省两家制造型企业的案例研究［J］. 科学学研究，2011，29（9）：1389 – 1396.

［46］Simon F，Tellier A. Balancing Contradictory Temporality during the Unfold of Innovation Streams［J］. International Journal of Project Management，2016，34（6）：983 – 996.

［47］夏保华，企业持续技术创新：本质、动因和管理［J］. 科学技术与辩证法，2003（2）：78 – 80.

［48］邢璐倩. 基于战略创业理论的持续竞争优势研究［J］. 东方企业文化，2013（3）：55 – 55.

［49］Brix J，Peters L S. The Performance – improving Benefits of a Radical Innovation Initiative［J］. International Journal of Productivity & Performance Management，2015，64（3）：356 – 376.

［50］Norma M. Rantisi. The Local Innovation System as a Source of 'Variety'：Openness and Adaptability in New York City's Garment District［J］. Regional Studies，2002，36（6）：587 – 602.

［51］吴晓波，耿帅. 区域集群自稳性风险成因分析［J］. 经济地理，

2003，23（6）：726 - 730.

［52］徐力行，高伟凯. 产业创新与产业协同——基于部门间产品嵌入式创新流的系统分析 ［J］. 中国软科学，2007（6）：131 - 134.

［53］王大洲，关士续. 企业技术创新与制度创新的互动机制研究 ［J］. 自然辩证法通讯，2001，23（1）：38 - 47.

［54］吴巧生，成金华，苏晓燕，"路径依赖理论" 与企业核心竞争力 ［J］. 科技进步与对策，2001，18（7）：23 - 24.

［55］Dunn M J，Harnden B M. Interface of Marketing and R&D Personnel in the Product Innovation Stream ［J］. Journal of the Academy of Marketing Science，1975，3（1）：20 - 33.

［56］吴晓波，耿帅. 基于共享性资源的集群企业竞争优势分析 ［J］. 研究与发展管理，2004（6）：1 - 7，13.

［57］Leoncini R，Maggioni M A，Montresor S. Intersectoral Innovation Flows and National Technological Systems：Network Analysis for Comparing Italy and Germany ［J］. Research Policy，1996，25（3）：415 - 430.

［58］Shih H Y. The Application of Network Analysis To Exploring Intersectoral Innovation Flows：The Unit Value Approach ［J］. Berliner Und Münchener Tierrztliche Wochenschrift，2015，84（5）：92 - 94.

［59］李天铎. 俄罗斯小型创新公司的发展 ［J］. 管理科学文摘，1999（4）：36 - 36.

［60］Lanny V. Innovation Midwives：Sustaining Innovation Streams in Established Companies ［J］. Research Technology Management，2005，48（1）：41 - 49.

［61］缪苗. 基于全面创新管理视角的传统中小企业创新能力提升机制研究 ［J］. 攀枝花学院学报，2010（4）：33 - 36.

［62］李勃昕，惠宁，周新生. 企业创新陷阱的衍生逻辑及有效规避 ［J］. 科技进步与对策，2013，30（20）：63 - 66.

［63］Scholz L. The Innovation Flow in the German Economy：an Input - Output Analysis on the IFO Innovation Survey Data Base ［J］. Economic Systems Research，1990，2（3）：313 - 320.

［64］刘自新. 技术创新中的组织文化管理［J］. 科学学与科学技术管理，2002，23（9）：49－51.

［65］郭咸纲. 企业创新驱动模式［M］. 北京：清华大学出版社，2005.

［66］程开明. 城市体系中创新扩散的空间特征研究［J］. 科学学研究，2010，28（5）：793－799.

［67］刘耀彬，白彩全，李政通，等. 环鄱阳湖城市体系规模结构变动——基于距离、规模、创新扩散的解释［J］. 经济地理，2015，35（4）：62－69.

［68］Lawson B, Samson D. Developing Innovation Capability in Organizations: A Dynamic Capabilities Approach［J］. International Journal of Innovation Management, 2001, 5（3）：377－400.

［69］Terziovski M. Building Innovation Capability in Organization［M］. London: Imperial College Press, 2007.

［70］Frederiksen L, Davies A. Vanguards and Ventures: Projects as Vehicles for Corporate Entrepreneurship［J］. International Journal of Project Management, 2008, 26（5）：487－496.

［71］Jager S. Venture Transition Processes at High－tech Established Firms［D］. Eindhoven: Eindhoven University of Technology, 2009.

［72］Knight E, Harvey W. Managing Exploration and Exploitation Paradoxes in Creative Organisations［J］. Management Decision, 2015, 53（4）：809－827.

［73］Cherniss C, Caplan R D. A Case Study in Implementing Emotional Intelligence Programs in Organizations［J］. Journal of Organizational Excellence, 2001, 21（1）：73－85.

［74］Fulop L. Middle Managers: Victims or Vanguards of the Entrepreneurial Movement?［J］. Journal of Management Studies, 1991, 28（1）：25－44.

［75］Benner M J, Tushman M L. Process Management and Technological Innovation: A Longitudinal Study of the Photography and Paint Industries［J］. Administrative Science Quarterly, 2002, 47（4）：676－707.

［76］Buller P F, Napier N K, McEvoy G M. Popular Prescriptions: Implications for HR in the 1990s［J］. Human Resource Management, 1991, 30（2）：

259 – 267.

[77] Bot S D. Process Ambidexterity for Entrepreneurial Firms [J]. Technology Innovation Management Review, 2012 (4): 21 – 27.

[78] Carlos E A K. Capability lifecycles: An Insight from the Innovation Capability Evolution in Emerging Economies [J]. Innovation & Development, 2007, 1 (2): 326 – 327.

[79] 朱斌, 欧伟强. 二元创新演进的四维理论模型构建及其应用研究 [J]. 中国科技论坛, 2017 (2): 17 – 24.

[80] 卓越, 张珉. 全球价值链中的收益分配与"悲惨增长"——基于中国纺织服装业的分析 [J]. 中国工业经济, 2008 (7): 131 – 140.

[81] 姜新杰, 企业创新管理探索: 二元创新的冲突与协同 [D]. 福州: 福州大学, 2015

[82] 金相郁. 中国区域经济不平衡与协调发展 [M]. 上海: 上海人民出版社, 2007: 49 – 55.

[83] Hernández – Pinto R J, Sborlini G F R, Rodrigo G. Towards gauge theories in four dimensions [J]. Journal of High Energy Physics, 2016, 2016 (2): 1 – 14.

[84] 方欣. 企业战略管理 [M]. 北京: 科学出版社, 2008: 183 – 185.

[85] Christiansen C. The Innovator's Dilemma [M]. Boston: Harvard Business School Press, 1997.

[86] 李仁芳, 李建宏. 是创新的两难, 还是组织的两难: 以柯达数位相机为例 [J]. 中国台北, 科技管理学刊, 2012, 17 (2): 1 – 30.

[87] Bedford D S. Management Control Systems across Different Modes of Innovation: Implications for Firm Performance [J]. Management Accounting Research, 2015, 28 (12): 12 – 30.

[88] Moore G A. Crossing the Chasm: Marketing and Selling High – Tech Products to Mainstream Customers [M]. New York: Harper Collins Publishers, 2002.

[89] Harvey M G. Application of Technology Life Cycles to Technology Transfers [J]. Journal of Business Strategy, 1984, 5 (2): 51 – 58.

[90] Roussel P A, Saad K N, Erikson T J. Third Generation R&D [M].

New York：Harvard Business School Press，1991.

［91］Khalil T M. Management of Technology：the Key to Competitiveness and Wealth Creation ［M］. New York：McGraw－Hill，2000.

［92］宋艳，银路. 基于不连续创新的新兴技术形成路径研究 ［J］. 研究与发展管理，2007，19（4）：31－35.

［93］高建，魏平. 新兴技术的特性与企业的技术选择 ［J］. 科研管理，2007，28（1）：47－52.

［94］朱斌，欧伟强. 海峡两岸战略性新兴产业集群协同演进研究 ［J］. 科研管理，2016，37（7）：35－46.

［95］Eisenhardt K M. Building Theory From Case Study Research ［J］. Academy of Management Review，1989，14（4）：532－550.

［96］姚明明，吴晓波，石涌江，等. 技术追赶视角下商业模式设计与技术创新战略的匹配—— 一个多案例研究 ［J］. 管理世界，2014（10）：149－162.

［97］郭媛媛，冯玉强，刘鲁宁，等. 企业文化对 ERP 消化吸收作用机理的多案例研究 ［J］. 科研管理，2016，37（7）：89－96.

［98］李飞. 零售业态创新的路线图研究 ［J］. 科学学研究，2006，24（a2）：654－660.

［99］盛亚. 零售创新：基于系统的思想与方法 ［M］. 杭州：浙江大学出版社，2007.

［100］胡永铨. 论零售创新的特征 ［J］. 商业研究，2007（12）：61－65.

［101］江慧芳. 零售创新活动对创新绩效影响的实证研究——GVC 理论的应用 ［D］. 杭州：浙江工商大学，2010.

［102］Shankar V，Yadav M S. Innovations in Retailing ［J］. Journal of Retailing，2011，87（4）：S1－S2.

［103］Perks H，Gruber T，Bo E. Co－creation in Radical Service Innovation：A Systematic Analysis of Microlevel Processes ［J］. Journal of Product Innovation Management，2012，29（6）：935 – 951.

［104］胡永铨，刘厚安. "互联网＋"环境下中国零售企业创新体系构

建——基于顾客体验视角［J］. 企业经济，2015（12）：85 – 92.

［105］高俊光，刘旭. 基于创新价值链的零售企业创新路径研究综述［J］. 北京工商大学学报（社会科学版），2016，31（2）：101 – 109.

［106］Pinto G L, Dell' Era C, Verganti R, et al. Innovation strategies in retail services: solutions, experiences, meanings［J］. European Journal of Innovation Management, 2017, 20（2）.

［107］Hollander S C, Calantone R J. Retail diversification in the USA［J］. Journal of Retailing & Consumer Services, 1996, 3（1）：1 – 9.

［108］徐健，汪旭晖. 零售企业创新活动对自主创新能力及市场绩效影响的实证研究［J］. 兰州学刊，2010（8）：46 – 50.

［109］赵泉午，刘婷婷，陈凤林. 零售业态与企业绩效的实证研究——基于沪深零售业上市公司的数据［J］. 商业经济与管理，2010，1（9）：19 – 26.

［110］Hristov L, Reynolds J. Perceptions and practices of innovation in retailing［J］. International Journal of Retail & Distribution Management, 2015, 43（2）：126 – 147.

［111］张武康，白丹，魏昀妍. 动态环境下的业态创新对零售企业绩效的影响——以大商集团为例［J］. 当代经济，2015（18）：38 – 41.

［112］刘厚安. 零售企业创新对创新绩效影响机制的研究：体验价值与网络能力的双中介模型［D］. 杭州：浙江工商大学，2015.

［113］Fuentes – Blasco M, Moliner – Velázquez B, Servera – Francés D, et al. Role of Marketing and Technological Innovation on Satisfaction and Word of Mouth in Retailing［J］. Journal of Product & Brand Management, 2017, 26（6）：650 – 666.

［114］March J G. Exploration and Exploitation in Organizational Learning［J］. Organization Science, 1991, 2（1）：71 – 87.

［115］Benner M J, Tushman M L. Exploitation, Exploration, and Process Management: The Productivity Dilemma Revisited［J］. Academy of Management Review, 2003, 28（2）：238 – 256.

［116］Mou S, Robb D J, Dehoratius N. Retail Store Operations: Literature

Review and Research Directions ［J］. European Journal of Operational Research，2018，265（2）.

［117］吴磊. 零售企业业态选择与企业绩效分析［J］. 统计与决策，2013（10）：186－188.

［118］Shi Y，Lim J M，Weitz B A，et al. The impact of retail format diversification on retailers' financial performance ［J］. Journal of the Academyof Marketing Science，2018，46（1）：147－167.

［119］方金城，朱斌. 标杆学习对企业二元创新的影响［J］. 中国流通经济，2016（1）：104－113.

［120］O'Reilly C A，Tushman M L. Organizational Ambidexterity in Action：How Managers Explore and Exploit ［J］. California Management Review，2011，53（4）：5－22.

［121］刘玲. 共享经济视角下物流业的移动互联服务创新策略［J］. 商业经济研究，2018，14（5）：97－99.

［122］胡月阳，李艳. 基于供应链协同的流通企业物流模式创新［J］. 商业经济研究，2019，13（5）：83－85.

［123］徐全红，丁文辉，陈超逸. 京津冀"互联网＋"物流产业融合发展探讨——基于熊彼特"创新"理论［J］. 商业经济研究，2018，13（9）：144－146.

［124］罗本成. 鹿特丹智慧港口建设发展模式与经验借鉴［J］. 中国港口，2019（1）：20－23.

［125］刘长俭. 我国港口转型升级的理论框架及其在天津港的应用［J］. 港口科技，2019（6）：44－48.

［126］Flint D，Larsson E，Gammelgaard B. & Mentzer J. Logistics innovation：A customer value－oriented social process ［J］. Journal of Business Logistics，2005，26（1）：113－46.

［127］王坤，骆温平. 国外物流创新研究述评与展望——基于文献内容分析［J］. 中国流通经济，2016（2）：27－35.

［128］韩晶晶，王利. 服务创新视角下知识管理对物流企业绩效的影响研究——以镇江市为例［J］. 科技管理研究，2014，34（24）：1.

[129] 王利，马胜铭，李莹．基于商业模式创新的动态环境与物流企业绩效分析 [J]．商业研究，2017（3）：1.

[130] 刘伯超．"互联网＋"形态下物流园区创新绩效评价研究——以奔牛港物流园区为例 [J]．东岳论丛，2018（8）：72－78.

[131] 张慧．创业营销、二元创新与新创企业绩效关系研究 [D]．芜湖：安徽师范大学，2017.

[132] 易霖．组织二元创新的影响因素及对绩效的影响研究 [D]．武汉：华中科技大学，2018.

[133] 刘金星．市场导向、创新战略 对企业绩效的影响 ——基于组织二元性的视角 [J]．东岳论丛，2017（10）：56－57.

[134] Han J K, Kim N, Kim H B. Entry barriers: A dull－, one－, or two－edged sword for incumbents? Unraveling the paradox from a contingency perspective [J]. Journal of Marketing, 2001（1）: 1－14.

[135] Menguc B, Auh S. The asymmetric moderating role of market orientation on the ambidexterity－firm per－formance relationship for prospectors and defend－ers [J]. Dustrial Marketing Management, 2008, 37（4）: 455－470.

[136] Ye DMI, Du Kui, Byun G, et al. Ambidexterity in new ventures: The impact of new product development alliances and transactive memory systems [J]. Journal of Business Research, 2017, 75: 77－85.

[137] 朱斌，欧伟强．基于系统动力学的企业二元创新动态演进研究 [J]．科技进步与对策，2017，34（1）：66－74.

[138] 张军，许庆瑞．企业知识积累与创新能力演化间动态关系研究——基于系统动力学仿真方法 [J]．科学学与科学技术管理，2015（1）：128－138.

[139] 朱斌，陈巧平．企业二元创新系统研究 [J]．哈尔滨学院学报，2015（5）：43－46.

[140] 李培楠，赵兰香，万劲波．创新要素对产业创新绩效的影响——基于中国制造业和高技术产业数据的实证分析 [J]．科学学研究，2014，32（4）：604－612.

[141] 张国强．企业技术创新动力机制研究 [D]．西安：西安科技大

学，2010.

[142] Shalender，K，Yadav，R K Strategic Flexibility，Manager Personality，and Firm Performance：The Case of Indian Automobile Industry [J]．Global Journal of Flexible Systems Management，2019，20（1）：77 - 90.

[143] Atalay M，Dirlik O，Sarvan F. Impact of multilevel strategic alliances on innovation and firm performance：evidence from the yacht - building industry in Turkey [J]．International Journal of Innovation Science，2017，9（1）：70 - 98.

[144] 马丽，赵蓓．战略柔性与企业绩效：创业导向和市场竞争强度的作用 [J]．当代财经，2018（10）：80 - 89.

[145] 李卫宁，占靖宇，吕源．变革型领导行为、战略柔性与企业绩效 [J]．科研管理，2019，40（3）：94 - 103.

[146] 郭朝晖，李永周，马金平．高绩效工作系统、战略柔性与企业成长——基于恒大集团的案例研究 [J]．管理案例研究与评论，2019，12（4）：349 - 364.

[147] Garcia R. Uses of Agent - Based Modeling in Innovation / New Product Development Research [J]．Journal of Product Innovation Management，2005，22（5）：380 - 398.

[148] 苏昕，张辉．战略柔性与企业绩效——基于高管双元资本调节作用的实证检验 [J]．华东经济管理，2018，32（4）：149 - 159.

[149] 吴琴，张骁，王乾，程学生．创业导向、战略柔性及国际化程度影响企业绩效的组态分析 [J]．管理学报，2019，16（11）：1632 - 1639.

[150] 杨卓尔，高山行，曾楠．战略柔性对探索性创新与应用性创新的影响——环境不确定性的调节作用 [J]．科研管理，2016，37（11）：1 - 10.

[151] 王灿昊，段宇锋．不同领导风格、知识积累与组织双元性创新：能力柔性的调节作用 [J]．科技进步与对策，2018，35（23）：17 - 24.

[152] Thoroughgood C N，Sawyer K B. Who wants to follow the leader? Using personality and work value profiles to predict preferences for charismatic，ideological，and pragmatic styles of leading [J]．Journal of Business and Psychology，2018，33（2）：181 - 202.

[153] 宋端雅，李金生．领导风格演进、环境动态性与团队创新绩

效——从单元到双元视角［J］. 企业经济，2018，37（5）：95-100.

［154］李卫宁，占靖宇，吕源. 变革型领导行为、战略柔性与企业绩效［J］. 科研管理，2019，40（3）：94-103.

［155］任大帅，朱斌，史轩亚. 高层管理者风格对企业二元创新影响实证研究［J］. 中国科技论坛，2018（3）：91-99.

［156］Atalay M，Dirlik O，Sarvan F. Impact of multilevel strategic alliances on innovation and firm performance：Evidence from the yacht - building industry in Turkey［J］. International Journal of Innovation Science，2017，9（1）：70-98.

［157］Shalender K，Yadav R K. Strategic flexibility，manager personality，and firm performance：the case of indian automobile industry［J］. Global Journal of Flexible Systems Management，2019，20（1）：77-90.

［158］Garcia R. Uses of agent - based modeling in innovation/new product development research［J］. Journal of Product Innovation Management，2005，22（5）：380-398.

［159］苏昕，张辉. 战略柔性与企业绩效——基于高管双元资本调节作用的实证检验［J］. 华东经济管理，2018，32（4）：149-159.

［160］杨卓尔，高山行，曾楠. 战略柔性对探索性创新与应用性创新的影响——环境不确定性的调节作用［J］. 科研管理2016，37（1）：1-10.

［161］吴琴，张骁，王乾，程学生. 创业导向、战略柔性及国际化程度影响企业绩效的组态分析［J］. 管理学报，2019，16（11）：1632-1639.

［162］陈璐，柏帅皎，王月梅. CEO变革型领导与高管团队创造力：一个被调节的中介模型［J］. 南开管理评论，2016，19（2）：63-74.

［163］Sahu S，Pathardikar A，Kumar A. Transformational leadership and turnover：mediating effects of employee engagement，employer branding，and psychological attachment［J］. Leadership & Organization Development Journal，2018，39（1）：82-99.

［164］裴云龙，江旭，刘衡. 战略柔性、原始性创新与企业竞争力——组织合法性的调节作用［J］. 科学学研究，2013，31（3）：446-455.

［165］张建宇. 企业探索性创新与开发性创新的资源基础及其匹配性研究［J］. 管理评论，2014，26（11）：88-98.

［166］Farnese M L, Fida R, Livi S. Reflexivity and flexibility：Complementary routes to innovation？［J］. Journal of Management & Organization, 2016, 22 (3)：404 – 419.

［167］欧伟强, 朱斌. 四维理论模型下二元创新要素优化配置研究［J］. 科技进步与对策, 2018, 35 (18)：34 – 41.

［168］Barth L, Wagner D. Exploiting flexibility in smart grids at scale：the resource utilization scheduling heuristic［J］. Computer Science – Research and Development, 2018, 33 (1 – 2)：185 – 191.

［169］邵福泽, 周伟. 开放式创新、战略柔性与创新绩效——一个交互效应模型［J］. 科技进步与对策, 2016, 33 (9)：1 – 7.

［170］Harris T B, Li N, Boswell W R, ZHANG X, Xie Z. Getting what's new from newcomers：empowering leadership, creativity, and adjustment in the socialization context［J］. Personnel Psychology, 2013, 67 (3)：567 – 604.

［171］Chai D S, Hwang S J, Joo B K. Transformational leadership and organizational commitment in teams：the mediating roles of shared vision and team – goal commitment［J］. Performance Improvement Quarterly, 2017, 30 (2)：137 – 158.

［172］付敬, 朱桂龙. 知识源化战略、吸收能力对企业创新绩效产出的影响研究［J］. 科研管理, 2014, 35 (3)：25 – 34.

［173］朱斌, 林若鸿. 基于影响关系模型的二元创新转换研究［J］. 科技管理研究, 2019, 39 (13)：1 – 8.

［174］Choi D Y, Lee K C. Dynamic resource allocation for exploitation and exploration with ambidexterity：Logical mechanism and simulations［J］. Computers in Human Behavior, 2015, 42：120 – 126.

［175］刘志迎, 路锋. 企业实施二元创新的有限资源动态配置机制研究［J］. 研究与发展管理, 2018, 30 (4)：54 – 64.